TUDO BEM ESTAR MAL

Textos para acolher e inspirar a esperança

Copyright © Guilherme Krauss, 2022
Copyright © INSIGNIA EDITORIAL LTDA, 2022

Todos os direitos reservados. Nenhuma parte desta publicação pode ser reproduzida ou transmitida de qualquer forma ou por qualquer meio — gráfico, eletrônico ou mecânico, incluindo fotocópia, gravação ou outros — sem o consentimento prévio por escrito da editora.

Projeto gráfico e diagramação: Isabelle Imay
Revisão: Daniel Zanella
Edição: Felipe Colbert
Foto: Bruno Santos

Publicado por Insígnia Editorial
www.insigniaeditorial.com.br
Instagram: @insigniaeditorial
Facebook: facebook.com/insigniaeditorial
E-mail: contato@insigniaeditorial.com.br

Impresso no Brasil.

Krauss, Guilherme
    Tudo bem estar mal : textos para acolher e inspirar a esperança / Guilherme Krauss. -- 1. ed. -- São Paulo : Insígnia Editorial, 2022.

    ISBN 978-65-84839-00-7

    1. Autoajuda 2. Autoconhecimento 3. Crônicas brasileiras 4. Depoimentos 5. Relacionamento - Homem-mulher I. Título.

22-107091   CDD-B869.8

Índices para catálogo sistemático:

1. Crônicas : Literatura brasileira B869.8

Aline Graziele Benitez - Bibliotecária - CRB-1/3129

Um livro sem dedicatória é como um sujeito deprimido, matéria sem alma. Colocar intenção na entrega de uma obra é como colocar sentido na vida. As palavras podem fazer uma página pulsar e um coração voltar a querer viver.

Registre as suas aqui:

SUMÁRIO

O RELATO DE ALGUÉM QUE NÃO ESTÁ BEM.	07
NÃO TÁ FÁCIL, EU SEI.	10
A FELICIDADE É AGORA.	15
CALMA, EU TAMBÉM TÔ PERDIDO.	18
VOCÊ TÁ BEM?	22
A ARMADILHA DA FELICIDADE.	25
UM RELATO DA CRISE.	29
TODO FIM É REPLETO DE COMEÇOS.	32
DESCONFIE DA PERFEIÇÃO.	35
O PODER DA ATENÇÃO.	40
A VIDA EM SI.	44
A GENTIL ARTE DE NÃO LIGAR O F*DA-SE.	47
ESCOLHA OU RENÚNCIA?	51
É PRECISO DEIXAR O PASSADO PASSAR.	54
PARAR, PARA CONTINUAR.	57
NADA É MAIS BELO DO QUE O TRAÇO IMPERFEITO DA PRÓPRIA HISTÓRIA.	61
POR QUE CORREMOS TANTO?	65
O POUCO QUE MUDA TUDO.	68
PRECISAMOS DE UM TEMPO.	71

VOCÊ SE CONHECE?	74
O QUE VOCÊ ESTÁ FAZENDO DA SUA VIDA?	77
QUANDO A GENTE SIMPLESMENTE NÃO SABE.	80
A DIFÍCIL ARTE DE VIVER NO PRESENTE.	84
O SENTIR E O SENTIDO.	88
O QUE VOCÊ ESTÁ FAZENDO COM O SEU TEMPO?	92
AS LINHAS TORTAS DO DESTINO.	96
A CORAGEM DE RECOMEÇAR.	99
A ARMADILHA DE PENSAR POSITIVO.	103
O QUE VOCÊ VÊ?	107
CADA UM É UM MUNDO.	111
FELICIDADE NO CAOS: É POSSÍVEL?	114
PREOCUPAÇÃO E ANSIEDADE.	117
DO QUE VOCÊ TEM MEDO?	121
CORAGEM.	124
VIVER É ESCREVER A PRÓPRIA BIOGRAFIA.	127
LUTO OU LUTA?	131
UMA VIDA É POUCO.	136
UMA CARTA PARA VOCÊ.	140
PARA ONDE VOCÊ ESTÁ INDO?	144
OS SINAIS DO TEMPO.	147
HISTÓRIAS QUE TERMINAM EM VÍRGULA.	151
A VIDA COMO RÉVEILLON.	155

O RELATO DE ALGUÉM QUE NÃO ESTÁ BEM.

Acordar sempre foi um martírio, mas a cada dia se tornava mais. As roupas ficavam maiores, em contraste com o corpo que emagrecia, como se desaparecesse aos poucos. A vontade de viver já tinha ido embora há tempo, mas a capacidade de viver também tomava o mesmo caminho. Era como se a alma tivesse abandonado o corpo e vivesse dias de morto-vivo. Pensava não haver sentido para seguir, depois tive certeza. Me comparava aos existencialistas, refletindo ser Sartre, mas eu era um homem deprimido.

Como isso é possível? Sou autor de uma série chamada "Toda segunda é um pequeno Réveillon", líder de uma empresa que lutou contra a crise e escritor com dois livros nas prateleiras de autoajuda. Não foram raros os depoimentos de pessoas que, no ápice de pandemia, me agradeceram pelas palavras e falas, alívio para dor e incentivo para o viver.

Demorou para me assumir hipócrita e posteriormente perceber que não há hipocrisia alguma em ser humano, em ser um otimista que pesquisa a felicidade e o sofrimento, mas também ser um homem deprimido.

A crise me fez afundar na cama, como se meu colchão de molas fosse feito de areia movediça. Parei com quase tudo, menos com os meus textos de segunda-feira. Se essa é a primeira vez que você lê um livro meu, explico: desde 2017 escrevo crônicas todas as segundas, sobre diversos dilemas da vida, sempre com a ideia de mostrar que todo início de semana e todo minuto é um recomeço possível.

Continuar escrevendo, sem exagero, me fez continuar vivendo. Cada segunda em que escrevi para inspirar um Réveillon em você, acabou sendo um Réveillon para mim. Pelas palavras, mantive o otimismo aceso, mesmo que deprimido.

Tudo bem estar mal

A coletânea das crônicas dos últimos dois anos, abordando assuntos como sentido de vida, amor, morte, pandemia, sonhos, frustrações, vulnerabilidade, felicidade, sofrimento, entre outros dilemas, acabou se configurando como um registro do momento em que fui até o fundo, mas mantive os olhos fitando a superfície. E voltei.

Tudo bem estar mal é uma escrita sincera e de coração aberto que reforça a dualidade da vida e o entendimento da dificuldade como parte da experiência humana, não uma barreira intransponível. É possível estar deprimido e ainda acreditar. Só não é possível viver sem alma. E o que é a alma? Hoje tenho bem claro: a esperança no viver.

Guilherme Krauss

NÃO TÁ FÁCIL, EU SEI.

Tudo bem estar mal

Manter a mente sã é um desafio para a época. Creio que todo mundo carregue uma ponta de sofrimento ou de angústia em si, meu desejo atual é apenas de que a gente não perca a esperança.

Tenho refletido bastante sobre a positividade tóxica e o porquê de um interesse tão grande pela felicidade. Continuo acreditando que a busca por significado constrói felicidade e, como consequência, a sensação de que a vida é bem vivida. Minhas dúvidas moram na fuga do sofrimento como caminho para tal. Lembro de uma conversa que tive com um antigo chefe e de uma coisa que ele me disse: "a felicidade também compreende sofrimento, será que ao tentar elevá-la você não estaria em uma jornada de hedonismo?". Na época não concordei e fiquei um tanto decepcionado, a resposta dele colocava fim a um projeto que tinha como premissa o estímulo à vida boa.

A vida pode ser boa, mas nunca será fácil. Demorei para entender. Carregava em mim o desejo nobre de reduzir o sofrimento e aumentar a felicidade, mas a realização passava pela negação dele e o foco nela. Nada nessa vida está isolado. Sentimentos e pessoas, de alguma forma, estão todos conectados. A propagação assustadora de um vírus ou aquelas intuições inexplicáveis são sinais da nossa totalidade. Assim, não há como viver sem sofrimento.

Mas a dor é indesejável, claro. Seja pelo sentir, seja pelo convívio social. Ao começar uma conversa, costumamos perguntar "tudo bem?". Mas será que estamos realmente interessados na resposta e dispostos a lidar com uma resposta negativa? Crescemos em busca de alegria e entendendo que estar bem é estar normal. Ao fazer isso, fugimos daquilo que pode provocar dor e demoramos a assumir quando as coisas não vão bem.

Quem já teve casos de depressão na família sabe o quão difícil é a situação. Mais duro ainda, muitas vezes, é o sujeito ou a família se permitir aceitar que há um problema por ali. A tristeza e o triste são indesejáveis, pouca gente sabe como lidar.

Da vida, esperamos sonhos realizados e finais felizes. Mas na vida, dia a dia, vamos descobrindo que as coisas simplesmente dão errado. Certa vez caminhava pela rua e quase pisei em um prato partido ao meio. Nele, estava estampado: "25 anos de casados". Quantos casais não foram felizes para sempre?

A vida tem suas tragédias e, neste momento, a gente vive uma. Me desculpe, mas não dá para dizer que está tudo bem.

Não tá fácil, eu sei. Planos cancelados, incertezas, frustrações, medo. O cardápio de vilões da sanidade é farto.

Escrevo mensagens toda segunda-feira com o intuito de trazer reflexões otimistas, mas também preciso ser franco e reconhecer que eu e muita gente (possivelmente você) vive um tempo de merda. Há uma importância enorme em assumir as dificuldades. Não é possível viver escondendo esqueletos no armário ou reprimindo emoções que cortam nosso peito. Negar que não está tudo bem não vai deixar tudo bem.

Sofrer é ato corajoso e de humanidade. Às vezes, a dor precisa doer. É processo de cura e reconstrução.

Com medo de encarar nossas dores mais profundas, nos afogamos na rotina ou no trabalho. Criamos histórias em nossas mentes e um mundo romântico à nossa volta. O remendo não cura. Por quantos anos seremos capazes de viver nos escondendo?

Adiar o sofrimento é adiar a própria vida. Há muita virtude em assumir a dor, em viver o luto.

O sentimento que rasga também deságua. A dificuldade faz a gente crescer.

Tudo bem estar mal

Não tá fácil, eu sei. Mas é a vida. Boa como ela é, inclusive no sofrimento.

A dor é um dos idiomas da verdade. Talvez ela carregue as respostas que tanto procuramos.

O que ela tem para te dizer?

A dor é um
dos idiomas
da verdade.

Talvez ela carregue
as respostas que
tanto procuramos.

A FELICIDADE
É AGORA.

Já tive dias melhores, mas somente o de hoje é capaz de me fazer feliz.

A vida muda e a gente também, o hábito de escrever serve como fotografia da alma, revelando sentimentos na sutileza das palavras.

A felicidade é um assunto presente em muitas das minhas iniciativas. Trato ela como parte de uma missão pessoal, fazendo da minha vida uma busca e um experimento de formas de reduzir o sofrimento e elevar a felicidade no viver.

Mas o fato de investigá-la não me deixa livre das oscilações emocionais e da tristeza. Se estivesse distante delas, estaria também afastado da minha humanidade.

"Já tive dias melhores, confesso. Mas somente o dia de hoje é capaz de me fazer feliz", escrevi pela manhã, após uma certa dificuldade para despertar. Tem dias que simplesmente nascem tortos. Você já tomou seu café acompanhado de angústia? A gente leva uma preocupação no peito e nem sabe o que é.

Talvez seja o cansaço, a vida cansa, especialmente em isolamento. A memória busca imagens para me provar que já fui mais feliz. Desatento, facilmente posso cair na tentação de mergulhar em direção ao passado e dar de cara na parede. Não tem volta. Pode até ter havido felicidade, mas não há mais. A lembrança não é capaz de me fazer feliz no agora, é preciso viver.

É movimento comum também lançar-se ao futuro, pensar em tudo que a vida poderia ser. Mas como ela não é, logo vem a falta. Não adianta, a felicidade é uma condição do agora. Se fui feliz, não tenho

Tudo bem estar mal

garantias de que sou. E se penso que serei, fico amarrado ao tempo no lugar que ainda não é. Não tem jeito, é preciso amar o presente.

A felicidade do agora pede intenção, mas principalmente ressignificação no olhar. Trocar o sabor de angústia pelo aroma do café ainda quente. Um dos muitos privilégios da vida, bem como a alegria de respirar. Uma troca de intenções, não haverá felicidade sem o desejo genuíno de ser feliz.

A vida pode ter sido muito boa para você e talvez pareça fascinante lá na frente.

Mas a única chance de ser feliz mora no agora.

O que posso fazer para tornar minha vida mais feliz neste momento? Uma pergunta poderosa para se fazer constantemente e geralmente responder com gestos simples.

Um treino diário de reconhecimento e exercício da vida boa como ela é. No agora.

CALMA, EU TAMBÉM TÔ PERDIDO.

Tudo bem estar mal

Às vezes, as coisas simplesmente não estão bem, não há nada de errado com isso.

Desejar o bem de alguém, eu sei, é gesto de carinho. Mas pode criar no outro e na gente mesmo a ideia de que o polo positivo é o único lugar aceitável. Carinho mesmo é querer estar junto, bem ou mal.

A felicidade é um dos meus temas mais recorrentes em palestras e textos. Em uma delas, tive a oportunidade de falar sobre ela para uma plateia de 3.000 pessoas. Toda vez que vivo uma experiência como esta, oscilo entre a realização e a preocupação. Me realizo por colocar em prática aquilo que tenho como uma missão de vida: reduzir o sofrimento e aumentar a felicidade. Procuro formas de aplicar esta ideia aos meus dias e me preencho ao poder dividi-las com alguém. Me preocupo pelo receio de flertar com a tal da positividade tóxica, a busca pela felicidade pode levar à exaustão e à infelicidade.

Há muito tempo, temos dificuldade em aceitar e lidar com a nossa condição humana. De diferentes formas, todo ser tenta ser mais. Uma busca por um significado na própria existência que pode esvaziar a vida de sentido. Somos carne, pele e osso. Mortais e vulneráveis. Falhos e oscilantes. Ao mesmo tempo, temos capacidades fantásticas. E nada disso é melhor ou pior, somos apenas nós.

Ontem conduzi uma boa conversa com profissionais de RH sobre o tempo. A expectativa era falar sobre a gestão dele e seu uso produtivo, duas aplicações que podem trazer compreensões distantes da nossa humanidade. O controle do tempo não é possível, a gestão do tempo é, na verdade, uma dança. O tempo não se controla, mas se respeita. Em dado momento da noite, uma das participantes me perguntou sobre como lidar com o problema da procrastinação.

Dias desses, brinquei com uma amiga que, em vez de respostas, costumo oferecer frases de biscoito da sorte. À participante, respondi que a procrastinação não era um problema, mas uma parte de quem ela era. Uma resposta dessas pode deixar alguém com a percepção de que a pergunta não foi respondida. A gente quer resposta para tudo, mas às vezes precisa mesmo é de mais perguntas.

O fato é que temos uma dificuldade enorme de lidar com uma verdade, não sabemos exatamente o que estamos fazendo aqui. Eu sei que você se sente perdido ou perdida em algum aspecto da sua vida. E eu também.

Reconhecer o lado de nós que simplesmente não sabe é aceitar a incerteza como parte de nós, tal como a procrastinação.

"Está tudo bem não estar tudo bem", dias desses rascunhei esta frase no Instagram e acabei não postando. Tive medo de incentivar a normalização do estado. Mas escrevendo este texto, fica claro para mim que existem duas coisas bem diferentes: a inércia e a autoaceitação.

Uma coisa é não estar bem e preferir estar assim, abrir mão da luta pela própria vida. Outra coisa é aceitar quem se é e o que se tem no momento, mas sem perder a esperança no viver. Eu posso estar perdido, mas jamais deixo de acreditar que encontrarei a saída.

A pandemia nos apresentou um mundo novo e de hábitos completamente atípicos, não era de se esperar que estivéssemos no ápice do nosso sentimento de convicção e felicidade.

Normal, neste momento, é estar perdido. Privilégio é poder se encontrar.

Eu sei que, uma hora ou outra, alguma crise vai aparecer por aí. E o que eu gostaria de te dizer não é "espero que esteja tudo bem", mas sim: "calma, eu também tô perdido".

Não se cobre.
Logo a gente se encontra.

Normal, neste momento, é estar perdido.

Privilégio é poder se encontrar.

VOCÊ TÁ BEM?

Tudo bem estar mal

Manter as coisas bem não tem sido tarefa fácil diante de tudo que vivemos. O chamado "novo normal" é terreno fértil para crises de ordem emocional.

Ao encontrarmos com pessoas da nossa rede, geralmente no formato virtual, é de bom tom perguntarmos como o outro está. Há, claro, quem sequer pergunte. Mas entre os que têm este pequeno cuidado, quantos estão dispostos a ouvir ou expressar uma resposta sincera?

Não foram poucas as vezes que disse que tudo estava bem com palavras doentes. Às vezes por não querer me abrir, outras por estar cansado demais para explicar meus problemas. Tem momentos em que a gente quer apenas se isolar.

Um sentimento reprimido ou um sinal não captado, pouco a pouco, podem ir devastando um indivíduo no seu interior. Quando menos se percebe, o corpo está oco. A alma escorreu em gotas, em um vazamento emocional.

A atenção ao que você ou outro sente pode, literalmente, salvar uma vida. O reconhecimento de que as coisas não vão bem, o quanto mais cedo identificado, pode evitar dias de vida desencarnada e, em casos mais graves, um atentado a ela. Só neste ano tive dois episódios de suicídio próximos a mim. Em ambos, pessoas próximas disseram não perceber os sinais.

Reconhecer que tudo não vai bem, por vezes, é tabu. Vivemos uma ditadura da felicidade, o triste para muita gente é um ser indesejável. Há uma cobrança vinda do invisível que sopra em nossas orelhas: "produza, sorria, faça". Não estar bem parece errado, ainda mais quando tudo parece certo. É como se um indivíduo em situação familiar ou econômica privilegiada não tivesse o direito de sofrer.

Este cenário, muitas vezes, faz os sentimentos serem escondidos. Alguém que faz terapia ou se medica, que deveria ser visto como uma pessoa que se cuida, não raro é tratado como indivíduo problemático. Quantas vezes você já não ouviu alertas quanto a alguém nesta condição, especialmente no ambiente corporativo?

Todo ser humano pode e tem o direito de desabar. E digo isso do meu lugar de fala. Passo boa parte do meu tempo pesquisando formas de reduzir sofrimento e aumentar felicidade e, bem, o conhecimento e o autoconhecimento não foram o suficiente. Houve um momento que não consegui mais continuar sozinho. Fui buscar ajuda profissional.

Nunca havia sentido crises de ansiedade, muito menos um esvaziamento de sentido. Essas coisas apareceram nas últimas semanas e afetaram diversos campos da minha vida. Demorei até chegar à raiz.

Não há mindset capaz de controlar o corpo. Nossas emoções não são puro sentimento ou fantasia, fazem parte do nosso funcionamento físico. Me preocupa como pessoas podem estar adoecendo enquanto são devastadas pelos sintomas e pelo descaso.

Há uma pergunta poderosa que todo indivíduo pode fazer a si mesmo ou ao outro: "você tá bem?", quando questionada com sinceridade e disposição para ouvir, pode recolocar um ser no seu eixo.

Que a gente seja capaz de nos perguntar e questionar o outro com toda verdade. E sem medo da resposta.

A ARMADILHA DA FELICIDADE.

Eu venho de uma semana mais lenta, me desliguei um pouco do trabalho nos últimos dias, o que acaba abrindo espaço para pensar.

Diminuí tanto meu ritmo que foi até difícil abrir o computador para escrever a crônica de hoje. É interessante observar a energia que vai e vem, em movimento similar à respiração e à maré.

Tinha o assunto de hoje na cabeça desde a manhã, escrevo esta linha pontualmente às 15h41 de domingo. Mas na hora do "vamos ver", decidi mudar. A energia se foi.

Me vi em um dia mais triste e, ao observar os porquês, me vi caindo na velha armadilha da felicidade.

Todos nós desejamos ter uma vida feliz, faz parte da nossa natureza, já dizia Aristóteles. A ideia da felicidade embala nossos desejos e movimentos ao longo da existência. E também dá origem aos nossos problemas.

Søren Kierkegaard descreveu parte do drama humano quando classificou nosso livre-arbítrio como dádiva e tormenta. Ao mesmo tempo que abre caminhos, a possibilidade de fazermos o que quisermos de nossas vidas nos deixa sem saber o que fazer. Afinal, qual é o jeito certo de viver?

Assim, a felicidade que pode significar uma vida, pode facilmente também torná-la uma desgraça. Uma verdadeira armadilha. Já disse aqui em texto recente: a busca excessiva pela felicidade pode levar à infelicidade e à exaustão.

Enquanto sociedade, buscamos cada vez mais a experimentação do sentimento feliz. Mas por meio de qual caminho?

Quantas milhas percorreremos até descobrir que a felicidade sempre esteve dentro da gente?

É comportamento comum condicionarmos a felicidade a objetos e resultados externos. Costumamos pensar nela como uma espécie de recompensa, condicionando o bem-estar a uma experiência, conquista ou consumo. É quando acreditamos precisar de algo ou alguém para sermos felizes, do contrário, a vida não valerá a pena.

Carreira, paixões e patrimônio são construídos em nome do sonho que promete felicidade, levando possivelmente a dois destinos: a frustração ou o vazio. Uma vez que o desejo ou não se concretiza ou se renova. Somos hábeis na arte de desejar.

Condicionar a felicidade a realizações externas é comprovadamente uma péssima ideia. Em *A Felicidade Paradoxal,* Gilles Lipovetsky já traçava o mapa da armadilha. Em *O jeito Harvard de ser feliz,* Schawn Achor, um dos maiores pesquisadores do assunto do planeta, mostra como a "fórmula do sucesso" está condenada ao fracasso. Para ele, a felicidade é ponto de partida e não destino.

Mas não precisamos ir longe para fazer disso uma certeza, a nossa jornada está cercada de histórias repetidas que deixam claro o valor do simples da vida e que a felicidade mora no agora.

A música "Epitáfio", do Titãs, e o clichê do executivo maduro que questiona à dedicação excessiva a carreira são provas do que Sócrates disse há milhares de anos: "sábio quem tem dentro de si tudo que leva à felicidade".

Quanto mais longe a buscarmos, mais distante estaremos do seu encontro. Essa é a armadilha da felicidade. Quantas milhas percorreremos até descobrir que ela sempre esteve dentro da gente?

UM RELATO
DA CRISE.

A nossa vulnerabilidade nos conecta.

Dias atrás, nesta mesma mesa em que estou sentado, ouvia atentamente a conversa que acontecia ao lado. "Ele disse KKK e me bloqueou", ela contou em uma mistura de riso e desespero. Fosse por texto, a conversa seria ilustrada com "KKKrying". Há coisas que se dizem melhor por texto do que voz, mas adeus definitivamente não é uma delas.

Hoje não escuto conversa alguma, tamanho é o volume dos pensamentos em minha mente. São os gritos indignados de um coração partido pelas costas, em uma mensagem de WhatsApp entre uma reunião e outra.

Demoraram horas para vê-la de braços dados com outro. Dizem que a fila não anda, voa. Ainda mais rápido muda a realidade. A vida é assim mesmo, aceita, caminha.

Eu caminhei, literalmente, o exercício físico faz bem. Foco no trabalho, conhecer gente nova, passar tempo com os amigos, se permitir sofrer. Segui todo o script consciente. Mas existe o inconsciente.

Tentava viver quando a crise chegou, quase sem aviso. A perda do controle é súbita, a gente quer viver e o corpo não responde. É como se tivesse sido abandonado pela alma, assustada com o sofrimento das decepções do mundo de carne e osso.

Puxei o ar para respirar fundo, mas não era possível sozinho. Não era um mês, era um ano. Não era o término de uma relação, mas a frustração de finalmente ser capaz de amar de novo e ter tudo o que

Tudo bem estar mal

se fez de melhor no último ano incinerado. Como se nada tivesse existido. Como se eu não existisse.

Entrei em crise no passado ao ver muita coisa ruir no início da pandemia. Ontem entrei em desespero ao ver a tormenta se aproximar novamente. Senti seus sinais e o desespero em me desesperar, me desesperou.

Escrevo e estudo o bem viver. Mas ninguém está livre do sofrimento. Assim como ninguém está sozinho. Como escrevi na última vez que estive nesta mesa, "é a vida acontecendo".

De fora, cada pessoa vive a sua história e mal sabe o que está acontecendo ao redor. Concentradas demais em suas vidas, enviando suas mensagens de texto.

Um escritor, um livro e um café. É a imagem vista de fora. Ninguém sabe o que cada um carrega no lado de dentro.

Deve ser por isso que é tão difícil olhar nos olhos. Reconhecer no outro as mesmas dúvidas e dores assusta. A gente se refugia no celular.

O que é uma pena, porque é a nossa vulnerabilidade que nos conecta. É por isso que troco o bloco de notas por essa mensagem aberta.

Eu sou humano, tentando entender que também é humano ser desumano.

E você?

TODO FIM É REPLETO DE COMEÇOS.

Tudo bem estar mal

Viver pede esperança no próprio caminho.

Começo a semana pensando nos caminhos que a vida toma. A gente faz planos, se projeta em um futuro, mas a grande verdade é que nosso destino é imprevisível.

Se olhar a nossa jornada daqui pra frente é mera aposta, olhá-la daqui pra trás é exercício valioso de compreensão da própria história. Costurando memórias, vamos entendendo como viemos parar aqui.

A linha do nosso tempo está longe de ser reta e contínua. É, na prática, um verdadeiro emaranhado de fios, diretamente influenciado pelas linhas de outras pessoas.

Cada pessoa que cruza nosso caminho muda nossa história à sua maneira. Cada conquista e cada perda nos empurram a uma mesma direção, nosso destino.

Tempos difíceis como o que vivemos, vistos do agora, podem soar quase como insuportáveis. Provavelmente, vistos lá da frente, serão lembrados como período importante para nos tornamos quem somos.

Ditos populares dizem que "tudo passa", que "quando Deus fecha uma porta, abre uma janela" e que "os anos sabem de coisas que os dias desconhecem". Não são populares à toa. Viver pede esperança no próprio caminho, por mais tortos que pareçam.

É preciso fé para enxergar, dentro de fins, verdadeiros começos. Já temos provas o suficiente para entender que a vida é imprevisível, mas sempre disposta a oferecer surpresas agradáveis.

O reconhecimento da imprevisibilidade da própria trajetória é um alento para momentos difíceis e estímulo para que possamos continuar a caminhar. Com a cabeça erguida e de encontro aos próximos capítulos da nossa história.

Todo fim é repleto de começos.

DESCONFIE DA PERFEIÇÃO.

Todos queremos viver uma vida feliz, acredito. Em minhas palestras, costumo perguntar para plateia: "quem aqui deseja ter uma vida feliz?". Na sequência, emendo: "e quem gostaria de ter uma vida infeliz?". Já fiz isso em eventos abertos para 3.000 pessoas e encontros corporativos para 30. O resultado da minha pesquisa informal foi sempre o mesmo: o ser tem um pulso natural pela felicidade.

A pergunta é retórica e abre espaço para abordar uma ideia de Aristóteles: a nossa natureza de querer ser feliz. Abre campo também para um problema de todo mundo: não saber como.

O desejo pela felicidade movimenta os mais diferentes universos, pauta seu desejo de sucesso e também os famosos comerciais de margarina. Formulamos, ao longo da vida, imagens do que seria essa tal vida boa e, não raro, passamos a viver em busca desta construção.

A felicidade torna-se um projeto, com definições muito claras do que devo fazer e do que precisa acontecer para que a minha vida valha a pena ser vivida.

Tenho feito *lives* todas as segundas à noite. Na última, uma participante trouxe uma questão sobre as redes sociais. Na visão dela, o Instagram gera um efeito destrutivo em nossas vidas, causando pressão através da exposição e formação de um padrão de como deveríamos viver.

Para mim, os Stories são o novo comercial de margarina. De um lado há alguém produzindo conteúdo, do outro há milhares de pessoas querendo consumir. No meio disso tudo, há o persistente desejo pela felicidade. *Voilá*, basta conectar as pontas.

Na última crônica falei rapidamente de positividade tóxica, um

Tudo bem estar mal

fenômeno moderno que explica muito bem esta dinâmica. Porém, não estou aqui para demonizar as redes, ao contrário. Para mim, elas são mera plataforma. O conteúdo presente nela é retrato fiel das nossas aspirações enquanto sociedade. A indústria do consumo, seja de Stories ou maquiagem, sempre espelhará nossos desejos.

Já faz alguns anos que esta produção de conteúdo virou profissão, negócio lucrativo e, sem exageros, sonho de vida. Quer uma prova? Procure conversar com crianças e descubra que muitas delas tem na ponta da língua a resposta do que querem ser quando crescer: youtuber.

A vontade não é muito diferente nos adultos. Andy Warhol, na década de 1960, já profetizava que no futuro todos teríamos os nossos 15 minutos de fama. O futuro chegou e é natural que a gente procure utilizar este fragmento de atenção para expor aquilo que pensamos ter de melhor ou gostaríamos que os outros pensassem termos de melhor. Quando criança, eu tinha minha roupa de sair. Agora, como adulto, eu tenho o meu filtro de postar no perfil aberto e o outro que só vai para o Close Friends.

O produto do influenciador e da influenciadora é a aspiração. Ganha seguidores quem projeta a imagem de forma a ser visto ou vista como admirável. A timeline é como o pátio da escola, uma competição por popularidade.

Beleza, humor, inteligência, sarcasmo, saúde, sucesso, influência social, condição financeira. Produtores de conteúdo fazem suas apostas e capitalizam sua atratividade. E não há nada de errado nisso. Só que tudo isso pode dar muito errado.

Há o risco da perda da identidade de quem produz o conteúdo, uma confusão entre indivíduo e personagem. Mas, principalmente, há o risco de nós, enquanto consumidores e consumidoras de conteúdo, acreditarmos no mito da perfeição.

Na semana passada, me vi decepcionado com uma destas personalidades das redes. As acusações contra ela são gravíssimas e não entrarei neste mérito, é caso de justiça. Mas me espanto com as reações a favor e contra. O Instagram virou novela. Com direito à chamada no Globo.com.

Há quem ataque e cancele, uma espécie de linchamento digital, há quem defenda e acredite que aquele personagem, com uma linda visão de mundo e sensatez, seria incapaz de qualquer falha de caráter. Defende cegamente o que ainda resta da fantasia de herói.

Assumir que a família do comercial de margarina não existe, dói. Assumir que quem seguimos por aspiração é capaz de coisas que repudiamos, dói. Mas como o mundo não anda nada fácil, situações como essas geram uma nova oportunidade. Ainda mais assustadora.

Na descoberta da imperfeição alheia, muita gente encontra mastro para hastear sua bandeira moral. A vida passa a ser vivida como uma obra de arte, tento fazer de pedaços dela (todos postados) provas de que as minhas utopias são viáveis.

E, mais uma vez, não condeno a plataforma e nem o conteúdo. Mas a nossa inocência em acreditar na perfeição, nossa e do outro. Em fazer da aspiração um norte, atribuindo o sentido da própria vida a aprovação social representada por curtidas, comentários e seguidores simpáticos a nossas opiniões e selfies.

Talvez você não se identifique com nada disso, a rede social é mero passatempo, o que me parece bom. Mas certamente conhece alguém que pode ter tido sua lucidez sequestrada pela promessa da influência. Sou fã das redes sociais, mas tenho certeza que, sem cautela, ela pode ser um triturador de emoções.

Mas não se engane, o problema não é sobre as redes. Como falei há pouco, ela é mero espelho. A raiz de tudo isso ainda é uma sociedade que sonha em ser perfeita.

A perfeição não existe. Sempre que algo ou alguém se apresentar assim, tenha certeza que há o que ser escondido.

Tudo bem estar mal

Prefiro a transparência com defeitos que conheço à perfeição que seduz com perigos invisíveis.

Não acredite em tudo que vê. Desconfie da perfeição.
A vida real tem uma boa dose de ficção.

Antes da busca pela felicidade vem a busca pela própria verdade.

O PODER DA ATENÇÃO.

Tudo bem estar mal

Já perdi as contas de há quantos dias vivo neste ritmo, mas sei que é o suficiente para fazer as memórias de antes dele parecerem distantes e o futuro, difícil de projetar.

O tempo vivido, muitas vezes, parece tempo perdido. A sensação é de que o Coronavírus roubou nossas vidas pouco a pouco. Quantos planos foram adiados e quantos momentos deixaram de ser vividos por conta da pandemia?

O dia comum, em isolamento, é como uma noite de insônia. Nos percebemos acordados, mas ao mesmo tempo distantes da realidade. Por diversas vezes já fechei os olhos, crente de que, ao abri-los novamente, despertaria de um sono profundo. A realidade pode ser mais assustadora do que qualquer pesadelo.

Mas não pretendo gastar mais palavras falando das dificuldades do período, você sabe que não é fácil. Além da certeza da dificuldade, carrego em mim também a indesejada convicção de que é isso que temos para viver.

"A vida boa como ela é. Não como poderia ser", penso na frase que estampa uma das páginas do meu livro *Cartas para o recomeço* e me pergunto: como pode a vida ser boa com tudo o que vivemos?

Dia desses ouvia um áudio do professor Clóvis de Barros Filho, o tema era a ansiedade. Nele, o filósofo trazia a ideia da relação íntima da incerteza com a ânsia. A receita para lidar com ansiedade, pensei, morava no apego às poucas certezas que temos.

Não me cabe pensar sobre o futuro, pouco sei sobre ele. Mas sou capaz de afirmar que o agora existe. A minha presença é uma certeza, mas pode não ser. Estar presente não é apenas uma condição física, mas emocional e energética. Não raro, corpo e mente ocupam espaços de tempo diferentes. Quando juntos, no agora, é como se fosse magia.

Eckhart Tolle é um autor mundialmente conhecido. Muito deste sucesso deve-se ao seu best-seller *O Poder do Agora*, lançado em 2001. O título já é sugestivo o suficiente para nos dizer que há muita potência na presença.

A vida é repleta de momentos raros, mas sem atenção tudo vira tédio. Uma conversa, um encontro, uma dor, uma risada ou um café da manhã, se observados atentamente, ganham novo significado na rotina. Quando o agora é vivido como tudo que temos, ele se transforma em tudo o que precisamos. O Mindfulness é o exercício do agora. Entre os caminhos possíveis para felicidade, o Mindful Living me parece dos mais eficazes. É sobre amar o que se tem, aristotélico. É sobre amar a vida integralmente, nietzschiano.

Ao valorizar o agora, não estou deixando de reconhecer a importância de se fazer planos. Apenas penso que talvez a época não ande muito propícia para pensar no futuro. Talvez a gente esteja precisando viver o presente, com tudo o que ele tem para nos oferecer.

A pergunta a se fazer é: "como posso viver o que tenho para viver agora da melhor forma possível?".

A atenção e o olhar gentil para o momento poderá revelar um potencial desconhecido.

Cafés da manhã poderão soar como férias.
Conversas rotineiras poderão ser vividas como amor.

O barulho das crianças que incomoda poderá se tornar a certeza de que temos uma família e não estamos sozinhos.

E a vida, por mais difícil que seja, poderá ser vivida como o milagre que é.

Quando o agora é vivido como tudo que temos, ele se transforma em tudo o que precisamos.

A VIDA EM SI.

Tudo bem estar mal

É inocência achar que uma vida será feita sempre de alegrias.

Nossas histórias correm em paralelo no tempo, mas absolutamente descompassadas na experiência dele. Lembro de alguns desses momentos. Tomava café calmamente enquanto recebia a notícia de que um dos meus melhores amigos havia perdido seu pai. Deslizava o dedo pela timeline do Instagram quando soube que uma grande amiga havia perdido a mãe. A mesma batida do relógio pode marcar nascimento, marasmo ou o exato momento em que o chão se abriu sob os pés de alguém, às vezes os nossos.

O período de pandemia evidenciou altos e baixos da vida para muita gente. Dia desses, uma amiga soltou uma expressão divertida: "corona-coaster". Eu já devo ter dado umas cinco voltas nessa montanha-russa. A grande verdade é que esse passeio cheio de emoções não é pandêmico, mas uma condição da existência.

Nossa história é construída por retas suaves e curvas bruscas, alegrias e devastações emocionais. Em todas elas, algo fica claro: de uma forma ou outra, a vida continua. Às vezes, a gente deixa de sorrir, deixa de ter esperança ou até se enche de coragem e deixa de ter vergonha e medo. E a vida segue, em dias monótonos, outros surpreendentes.

Planejar o futuro é ato de fé. Com tudo tão conectado, um sinal fechado no outro lado da cidade pode mudar sua vida. Um coração que para de bater deixa marcas no seu para sempre. A gente se recupera, mas a partir dali, se torna diferente. O que surgirá mais à frente, quando o presente se transformar em memória?

O ponteiro do relógio avança e o telefone toca, às vezes marcando apenas mais um dia, às vezes escancarando: sua vida mudou. Frase que pode ser entendida no momento como "sua vida acabou". Você já recebeu notícias duras o suficiente para esvaziar seu corpo por dias? Se sim, você sabe que a vida continua. Seguimos aqui.

Explosões, acidentes, ligações, infartos, tropeços, nascimentos, descobertas, palavras, silêncios, lágrimas. A porta que se abre, o túmulo que se fecha. O avião que parte, os dedos que batem à sua porta. São as histórias acontecendo na sequência ilógica de dias bons e ruins. É a vida sendo vida. Imperfeita, mas viva.

A sequência dos dias mostra que é possível amar de novo, sorrir de novo, acreditar de novo, tentar de novo. Só não é possível viver de novo.

O momento evapora. Abraço, alegria, tristeza. Tudo passa. É uma velha metáfora e um antigo clichê. O início, o fim e o meio do caminho.

Sentimentos que gritam, não se apegue, porque tudo se vai. Segure forte e viva intensamente enquanto é, porque tudo deixa de ser. Solte e deixe ir, porque o novo vem.

Esta série sugere que toda segunda é um pequeno Réveillon. Mas todo minuto é.

Um eterno recomeço, como a vida em si.

A GENTIL ARTE DE NÃO LIGAR O F*DA-SE.

Viver não tem sido tarefa fácil, ficar bem é um desafio ainda maior. Tenho conversado com uma porção de pessoas que simplesmente desistiu, seja de lutar pelo próprio bem-estar ou de respeitar as recomendações da pandemia. Tem horas que o que se deve fazer e o que se quer fazer tornam-se intensamente opostos, simplesmente não dá para pensar em equilíbrio.

Mas já não é de hoje que vivemos em tensão. Enquanto sociedade, criamos histórias sobre sucesso, certo e errado, felicidade e produtividade simplesmente desumanas. Nossos limites já haviam sido rompidos, me lembro bem de alguns anos atrás, quando a decisão de largar tudo no meio corporativo se tornou mais frequente.

Gosto de observar o que está em alta nas redes sociais e nas livrarias, a produção de conteúdo é um verdadeiro espelho do momento vivido. Nos últimos anos, além dos materiais de alta performance e de coachs que te prometem que você pode tudo, um outro fenômeno tomou conta das vitrines físicas e virtuais: os palavrões.

Dos cinco livros mais vendidos no Brasil em 2019, dois ilustram uma variação de f*da na capa. No topo da lista por dois anos consecutivos está *A sutil arte de ligar o f*da-se*, de Mark Manson (Intrínseca, 2017), livro que ditou a tendência das capas politicamente incorretas.

Ligar o f*da-se ou ser f*da, como sugere o título de Caio Carneiro, quarto da lista, são reflexos dos nossos anseios e contradições contemporâneas. É o desejo por sucesso acompanhado de uma necessidade de desapego dele.

Em meio à pandemia, a palavra voltou a ficar em alta, quando uma

Tudo bem estar mal

das blogueiras mais famosas do país bradou em volumoso e bom som: "f*da-se a vida!"

Ligar o f*da-se, ser f*da e mandar a vida se f*der parecem três coisas diferentes, ao menos para mim. Mas coisas diferentes vindas do mesmo lugar, uma agressividade egoísta perante o mundo.

Todo mundo merece a paz do alívio e a perspectiva da excelência e do sucesso no que faz, mas a qual custo? O de que os outros se f*dam?

O foco excessivo na própria jornada ou o rompimento com padrões sociais podem soar como autenticidade, mas caem facilmente no perigoso território da desconexão com o coletivo. Se vira, é cada um por si.

Vivemos, de fato, na era do f*da-se. E isso fica bem claro na figura de um desembargador que se recusa a usar máscara e tenta desautorizar a autoridade policial utilizando-se do cargo e da influência. Em outras palavras, tentando ser f*da.

Ao ser questionado sobre o aumento das mortes por COVID-19 no país, nosso presidente soltou resposta icônica: "e daí?". Naquele momento, Bolsonaro também ligou o f*da-se.

Dia desses, falava com uma amiga sobre relacionamentos. Ela reclamava de experiências recentes frustradas. Em todas elas, um ponto em comum: o cara com quem estava saindo simplesmente sumia. Um traço corriqueiro de uma época de relações líquidas e sentimentos descartáveis. Há muita gente ligando o f*da-se para as emoções que cativa no outro.

Uma sociedade em que todos e todas são f*das e ligam o f*da-se é uma sociedade que não pode ser chamada de sociedade, uma vez que o dicionário a define como "agrupamento de seres que convivem em colaboração mútua". O f*da-se jamais será combustível para colaboração. Colaborar é se importar.

É possível que você não esteja concordando comigo e até goste de algum dos livros citados. Bem, devo dizer que as páginas de Manson e Carneiro trazem ideias interessantes. Ao escrever tudo isso, não faço críticas ao conteúdo, mas ao contexto humano que gera mercado para o segmento.

Precisamos urgentemente praticar a gentil arte de NÃO ligar o f*da-se, em palavras menos comerciais, para começarmos a nos importar. Precisamos urgentemente parar de alimentar a ideia de sermos f*das, dando lugar ao desejo de sermos humanos, vulneráveis e amorosos.

Quando foi que o amor saiu de moda?
Quando foi que deixamos de nos preocupar uns com os outros?
Será que em algum momento tudo isso realmente existiu ou é puro romantismo deste texto?

Arte mesmo é tratar o outro como gostaríamos que tratassem a nós mesmos.

Arte mesmo é tirar um pouco os olhos de nós para olhar para o todo.

ESCOLHA OU RENÚNCIA?

Começo este texto com uma frase clichê na cabeça: "a vida é feita de escolhas". Vai ver, é por isso que viver às vezes é tão difícil. A possibilidade de escolha que deveria libertar, acaba por provocar angústia.

O complemento do clichê nos lembra que "a cada escolha, uma renúncia". Bem, se formos contabilizar direito, as renúncias são milhares. O que é mais difícil para você, escolher ou abrir mão?

Se olharmos para o passado, encontraremos milhares de decisões tomadas. Cada uma delas lapidou nosso caminho até aqui, algumas com toques de pluma e outras com cortes de navalha. Estamos fazendo escolhas o tempo todo e, desta forma, mudando a direção do nosso caminho.

A vida é frágil, como folha seca soprada pelo vento. Nunca somos, sempre estamos. Quando menos percebemos, uma rajada forte nos leva para outra direção. É neste momento de mudança que as decisões se mostram mais necessárias.

Você já acordou pela manhã e não se reconheceu frente ao espelho? Já foi dormir com a sensação de que é preciso trocar de pele? A angústia por mudanças não é um desejo ardente de ser diferente, é a constatação de que já se é, seguida do medo de se assumir. A hora do basta, uma hora ou outra vem, mas nem sempre acompanhada da voz para gritar.

A dificuldade de abrir mão de quem se é e abandonar o que não faz sentido, penso, é um gesto intuitivo de quem evita a morte. Ao olhar o fim como fim, naturalmente o evitaremos. Ao acreditar no recomeço, ganha-se a possibilidade de enfrentar o futuro de peito aberto. Ninguém quer uma vida evitativa.

Tudo bem estar mal

A vida de fugas é a vida sem alma. Uma hora, de tanto hesitar, o espírito abandona o corpo. Vai um para cada lado, como um casal que dorme em quartos separados.

Viver é fácil. Mas viver a vida que se quer exige muita coragem.

Poucas coisas são mais admiráveis do que alguém que espera algo da vida e, simplesmente, vai atrás.

Pés feitos para caminhar muitas vezes são usados para nos manter agarrados ao chão.

Uma hora é preciso escolher, apostar. A falta de escolha também é uma escolha possível.

Toda escolha provoca renúncias.

Toda falta de escolha é uma renúncia ao próprio direito de existir.

Tudo que não se movimenta, atrofia.

É PRECISO DEIXAR O PASSADO PASSAR.

A alegria é uma qualidade do agora.

Tudo bem estar mal

A mudança é uma constante em nossas vidas. Me conforta lembrar da passagem de Heráclito: é impossível banhar-se duas vezes no mesmo rio, ambos estarão diferentes na próxima oportunidade. Ainda assim, é difícil aceitar que a vida simplesmente passa e leva alguns dos nossos melhores momentos com ela.

Em *O drible* (Companhia das Letras, 2013), Sérgio Rodrigues faz uma das analogias mais bonitas que ja li. Utilizando-se de um drible de Pelé como metáfora, o autor mostra como alguns acontecimentos na vida são tão arrebatadores que nos tiram do espaço--tempo. É como se flutuássemos entre o passado e o presente, e a vida seguisse se movendo ao mesmo tempo que está estagnada.

Este tipo de sentimento geralmente é provocado por uma tragédia pessoal. O fim de um relacionamento, a morte de uma pessoa querida ou a perda de um emprego podem fazer nossa alma desencarnar do corpo e nos condenar a viver anos como se não estivéssemos vivendo. Tenho medo que a pandemia seja como um destes acontecimentos, mas talvez não seja. Não trata-se de golpe abrupto, mas um cenário persistente. Seria esse o tal do "novo normal" de que tanto falam?

Seja ou não, algo é indiscutível: a vida precisa continuar. Apegados e apegadas demais ao passado, simplesmente estaremos nos colocando para fora da vida, indisponíveis para que novas histórias possam começar. Quantas pessoas ou oportunidades passarão por nós, estendendo a mão para que a vida siga, e irão embora enquanto nos afogamos num mar de memórias mal-resolvidas?

É preciso deixar o passado passar.

Se há uma chance da vida ser boa, ela mora no presente. O passado pode até ter te feito feliz, mas não será mais capaz de fazer. A alegria é uma qualidade do agora.

É difícil se libertar do passado, requer coragem. Especialmente quando o passado ainda não passou totalmente e nos agarramos ao pouco que resta.

Deixar ir é deixar vir.

Toda memória pode ser guardada com carinho ou esquecida desde que haja abertura para o agora e para o novo.

A vida precisa seguir. Se há uma chance da gente ser feliz, é agora.

Vamos tentar?

PARAR, PARA CONTINUAR.

Nunca é demais falar de Milan Kundera. Autor do clássico *A insusten-tável leveza do ser* (Companhia de Bolso, 2008), é também pai de *A lentidão* (Companhia de Bolso, 2011), um dos meus livros preferidos.

Nele, Kundera transmitiu em palavras e de forma organizada uma ideia que eu e muitas pessoas carregamos: a sensação de que os dias não tem mais 24 horas, mas 12. Temos feito e desejado demais. E, mais do que isso, realizado. O avanço da tecnologia e o acesso à informação nos tornam quase onipresentes. A época de pandemia vem para reforçar o quanto é possível estar sem estar. Há uma reali-dade pouco física por aí e isso gera confusão na nossa percepção do tempo e da própria existência.

Vivemos no imperativo do fazer. Faça, seja, realize. Rolando a time-line de nossas redes sociais, somos lembrados constantemente de que a vida acontece em movimento. Seria a vida, então, significada por um fazer? E quando a gente não faz nada, simplesmente não é?

A pandemia revelou uma dificuldade presente em muita gente, des-frutar da própria companhia. Sempre em movimento, acabamos nos distanciando da nossa voz interior. Andando rápido demais, podemos acabar perseguindo intensamente um destino que nem sabemos qual é.

A vida esconde sabedoria em metáforas abundantes. O segredo do equilíbrio mora em muitos exemplos da natureza e da física, é só observar. O vai e vem da maré. A energia e o sono do cachorro. A inspiração e a expiração da sua própria respiração. O dia e a noite. A combinação entre som e silêncio que fazem a música. O intervalo entre uma batida e outra do relógio. O nascimento e a morte. O fim e o começo.

Andando rápido demais,
podemos acabar perseguindo
intensamente um destino que
nem sabemos qual é.

Eu quero fazer uma porção de coisas da minha vida. Mas sei que, para tal, também preciso fazer nada.

Muitas vezes é preciso parar para continuar.

NADA É MAIS BELO DO QUE O TRAÇO IMPERFEITO DA PRÓPRIA HISTÓRIA.

A vida passa voando. Mas, apesar de veloz, o tempo carrega consigo uma infinidade de acontecimentos. No último texto, falei de *A lentidão,* de Milan Kundera. Neste, uso a mesma referência. Para o autor, a sensação de que tudo está tão rápido está diretamente ligada à quantidade de informações que processamos.

Aonde você estava no último Réveillon? No que pensava? Qual foi seu primeiro abraço? Você imaginava que viveríamos algo próximo ao que estamos vivendo? Dificilmente.

É fácil dizer que as coisas deram errado quando elas tomaram um rumo diferente do qual planejamos. Meu terapeuta fala repetidamente: "não existe pretérito na vida, as coisas aconteceram tal como foi possível que acontecessem". A frase carrega uma verdade e um conforto, mas vivendo uma situação dura, é difícil acreditar nela para valer. A mente insiste em buscar respostas de como a vida teria sido se ela não fosse como é.

No meu livro *Toda segunda é um pequeno Réveillon* e na parede do meu escritório está gravada uma das minhas frases mais compartilhadas: "a vida é como ela é, não como poderia ser". É um mantra que tento levar para minha própria vida. Um gesto de fé no caminho trilhado, mas de difícil aplicação. Como pensar que a vida é boa no dia da morte de uma pessoa próxima ou quando tudo ao nosso redor parece ruir?

A vida é boa, mas não necessariamente alegre. A fuga do sofrimento é tolice. Viver dói, mas vale a pena. Há momentos que viraram memórias e cortam nosso peito ao serem revisitados em pensamento. É a angústia de não poder reviver. Mas antes a dor de não poder viver mais do que o vazio de nunca ter vivido.

Confia e acredita

na vida como ela é,

não como poderia ter sido.

Durante a pandemia comecei a assistir a uma série lindíssima, *This is us* (disponível no Amazon Prime). Os episódios têm duração de cerca de 40 minutos e uma profundidade capaz de arrancar lágrimas em cada um deles. São escritos com a sensibilidade e sutileza da vida como ela é. De tudo que já vi da série até aqui, uma cena específica ficou marcada em minha cabeça. Nela, o personagem Kevin mostra às suas sobrinhas, com toda timidez e insegurança, uma tela que pintou. Enquanto explica o emaranhado de cores de uma obra abstrata que lembra Pollock, o tio apresenta às garotas uma das definições mais bonitas que já escutei sobre a vida.

Os traços e as cores que se tocam e se vão mostram os encontros e desencontros da vida e como cada um desses esbarrões transformou a história de muitas pessoas. Kevin mostra que os sopros mais brandos marcam a fronteira entre o que uma vida foi e o que ela poderia ter sido. E que, por mais dolorido que seja, nada é mais belo do que o traço imperfeito da própria história.

Toda vida será uma obra inacabada e imperfeita. E, exatamente por isso, absolutamente linda e única. A sua trajetória é uma obra de arte que jamais, em qualquer momento da história, alguém poderá reproduzir. Nada é mais autêntico do que o sentimento de quem vive o caminho.

POR QUE CORREMOS TANTO?

Para muita gente, esse tempo de pandemia tornou a rotina mais apertada. Para outras pessoas, reduziu o ritmo, mas também provocou estresse: não é fácil desacelerar. A vida em passo mais lento não parece normal, não raro, entedia.

Correria, mais do que um adjetivo que descreve uma época, tornou-se o novo "será que chove?" dos elevadores. Serve para puxar assunto e certificar-se de que o outro está "bem". "Como é que tá lá, muito corrido?", "Uma loucura!", "É, não dá para parar". Eis um diálogo corriqueiro. Quando decido responder que as coisas estão calmas e suaves, é comum ter como resposta: "ah, mas logo tudo melhora". Como se corrido fosse necessariamente bom. Já que andamos usando tanto o termo "novo normal", aqui vai uma constatação: correr é o novo normal da nossa sociedade.

Um incoerente novo normal. Afinal, a vida é curta e passa rápido. A correria pode até parecer uma ânsia de realização, mas é, na verdade, ausência de desfrute e desejo pelo final. É por isso que prefiro ir mais devagar.

O tempo é relativo, disse Einstein. E, caramba, como é. Assusta pensar como a percepção distorce a duração. Hoje tenho 34 anos e parece que a vida voou. Ao mesmo tempo, anteontem, a pizza demorou uma eternidade para chegar. A intensidade, o anseio e a velocidade em que vivemos determinam nossa experiência com o tempo. A vida corrida é a vida que passa voando.

A ansiedade mata, mesmo. Provoca efeitos físicos devastadores. Em um sentido metafórico, mata nossos caminhos. A ânsia para que o desejo se concretize logo extermina a experiência do trajeto. Comecei a ler neste final de semana um livro que tem como um dos

Tudo bem estar mal

autores o Dalai Lama. Sou fã dos ensinamentos budistas e, logo nas primeiras páginas, entrei em contato novamente com a ideia de que os meios são absolutamente mais importantes do que os inícios e fins, porque é onde constantemente estamos.

Por que corremos tanto? Esta é a pergunta que me move nesta segunda-feira e espero que me freie.

Pela vida, rara, eu não quero correr. Mas apenas caminhar atento para não perder nenhum detalhe. Para que minha existência seja tudo, menos breve.

E você, como pretende viver seu caminho?

Que nossa experiência seja tudo, menos breve.

O POUCO QUE MUDA TUDO.

Aos poucos muda-se tudo.

Tudo bem estar mal

No mês de outubro, meus pais completaram 40 anos de casados. A celebração deste encontro, de certa forma, é também a da existência destas crônicas. Não fosse essa união, não haveria autor. E, sem autor, estas palavras dariam lugar ao silêncio.

Em agosto, foi a vez dos meus avós comemorarem aniversário de casamento, 60 anos desde o "pode beijar a noiva". Seis décadas depois, meu avô ainda preserva o hábito de dormir abraçando-a. Não fosse o "sim" deles, não haveria meu pai. Sem pai, não haveria autor. Sem autor, bem, você já sabe. A vida é feita de encontros e desencontros.

Setembro marcou também 25 anos desde a partida da minha avó materna. Julho, três anos da passagem do meu avô também por parte de mãe. Perdas que alteraram o rumo da vida e completam um ciclo comum na nossa existência. Pessoas vem, vão e, invariavelmente, mudam nossas vidas.

Me espanta como nosso destino é vulnerável a um simples passo. Nessa semana, lia um texto que trazia relatos de sobreviventes do atentado de 11 de setembro. Entre eles, haviam aqueles que seguem vivos por estarem no lugar errado na hora certa. Por agenda, deveriam estar nos andares mais críticos do prédio. Por detalhes, estavam onde não deveriam estar. Teve sujeito que se atrasou por uma aposta na loteria, foi em busca de milhões e ganhou a vida. Teve até quem foi salvo por uma dor repentina de uma unha encravada. 11 de setembro foi um dia que ficará marcado para sempre pelo choque terrorista, mas também pelo ato heroico de um dedão do pé.

A gente costuma fazer planos para vida, mas a grande verdade é que pequenos gestos estão constantemente mudando o nosso destino. Da mesma forma, nossos movimentos estão influenciando a jornada de meio mundo. A interdependência e a causalidade são das coisas mais bonitas desta vida. É a lembrança constante de que o eu é feito de nós.

Esta percepção me ajuda a entender que, no fundo, alegria e dor têm o mesmo significado. Notícia boa e ruim desempenham uma mesma função de construir nosso destino. Nesta semana, li também que é impossível prever o futuro, mas a escolha das pessoas que estão ao meu redor exercerá uma grande influência de como ele será.

Com essas ideias em mente, saio às ruas mais atento aos encontros e desencontros que mudarão a minha vida e as de quem cruzo pelo caminho. Com sorte, farei e receberei mais bem do que mal ao intencionalmente cultivar uma vida boa de ser vivida, para mim e para você.

Todo gesto e toda palavra podem, de fato, mudar o mundo. Que marcas você tem deixado em quem te cerca?

PRECISAMOS DE UM TEMPO.

"Dar um tempo", como eu gosto dessa expressão e desse sentimento. Vivemos rotinas tão corridas que tirar um tempo para si é momento raro e sonhado. Só de pensar nessa ideia, já relaxo. Colocamos tanta carga na nossa mochila de responsabilidades que chegamos a esquecer de como é caminhar sem peso nos ombros. Minha última segunda-feira foi difícil e eu também não estava no ápice da minha energia. Ao sentar para escrever a crônica, percebi que fazia porque devia e não porque queria. Sabendo disso e parafraseando o escriturário *Bartleby*, preferi não fazer.

Gosto desses momentos de rebeldia à obrigação. Na maior parte das vezes, não é algo que consigo praticar. Mas a vida sempre reserva momentos para nossos gritos de "não" que são um verdadeiro "sim". Respeitar a vontade interna parece algo tão óbvio, mas o peso das responsabilidades torna este movimento cada vez mais improvável. Qual foi seu último ato de autorrebeldia?

A falta de tempo é um problema crônico. A propósito, não tem faltado por aí? Mas será que é tempo que nos falta ou será que nos sobra receio do tempo livre? Estaríamos viciados no fazer?

"Tempo a gente tem, quanto a gente dá", canta Rodrigo Amarante em "Evaporar". "Malandro não para, malandro dá um tempo", diz Bezerra da Silva. Do que você tem vontade de "dar um tempo"?

"Dar um tempo", o que isso realmente significa? Seria mais como cessar o que se faz ou dar-se um tempo para preencher como se quer? No caso do primeiro, por quê? Se for o segundo, o que você tanto quer?

A forma como preenchemos nosso tempo é o que dará forma e qualidade a nossa vida. "O tempo não para", canta Cazuza. O ponteiro do

Tudo bem estar mal

relógio e as rugas que nascem na pele nos deixam convictos disso. Mas a gente pode parar ou, malandramente, dar um tempo.

Driblar o relógio, rebelar-se conscientemente à realidade ou tirar um tempo para si pode soar como ancorar o navio da própria vida. Na prática, é muito mais como içar as velas para uma nova rota. Um novo movimento começa com uma pausa.

Foi por isso que na semana passada decidi "dar um tempo", simplesmente porque posso e quis.

Se tirar um tempo para si e fazer o que se quer se tornou um luxo, estaríamos vivendo da maneira certa?

VOCÊ SE CONHECE?

Tudo bem estar mal

Se você me acompanha há algum tempo, sabe que sento para escrever sem um assunto em mente. A crônica flui, geralmente refletindo questões vivas no meu interior. É um exercício que me ajuda a avançar sobre as fronteiras do Ego, estabelecendo contato com palavras que saltam do inconsciente.

Hoje, porém, faço diferente. Escrevo por sugestão de uma leitora e amiga. Dia desses ela me mandou uma mensagem, pedindo para que falasse sobre "parecermos estranhos em nossas próprias vidas". É uma frase que rende vários caminhos.

Poderia falar sobre a estranheza de não sentirmos pertencentes a um padrão social. Mas creio que o questionamento dela tem muito mais a ver com o nosso próprio reconhecimento. É sobre olhar no espelho e não sentir familiaridade com quem nos observa do outro lado.

"Conhece-te", disse Sócrates ao estabelecer pilar fundamental da filosofia. O imperativo é simples, mas a execução complexa. Poucas perguntas são tão difíceis de serem respondidas quanto "quem sou eu?".

Ao tentar matar a charada, tentamos estabelecer uma definição. Ao estabelecê-la, necessariamente congelamos nossa identidade por aquele momento. É como a fotografia, que sempre registra o que foi e nunca o que é. A vida está em constante movimento. Nós, também.

Todo ser vive em eterna mudança, reflexo do tempo e do próprio processo do viver. É difícil dizer quem sou, talvez seja possível afirmar quem fui.

Não bastasse isso, a estranheza de si também pode aparecer por um outro fator, a busca pelo "eu". Como alguém pode ser algo definitivo se, além das mudanças, adotamos determinados comportamentos conforme o contexto? Todo "eu" é feito de muitos. Todos temos várias facetas. Não trata-se de falsidade, mas habilidade essencial para a existência.

Mas de todos esses "eus", qual deles é mais "eu"? Já ouvi de muitas pessoas, em jornada de autoconhecimento, o desejo de encontrar seu "eu verdadeiro". Será que ele realmente existe?

Diante de tudo isso, cheguei à conclusão de que estranho mesmo seria não nos estranharmos. Com tantas mudanças, tantos "eus", tantas reações, fica claro para mim que a confusão faz parte da essência humana. Que a vida é, justamente, a busca por uma resposta. E nunca o encontro.

Porque se houvesse encontro, não haveria mais porque caminhar.

O QUE VOCÊ ESTÁ FAZENDO DA SUA VIDA?

Escrevo este texto em uma tarde de domingo, logo após o almoço e meio episódio de *This is us*. Não sei se pela série ou por conversas que tive hoje mais cedo, começo estas primeiras linhas com uma frase de Sartre na cabeça:

"Não importa o que a vida fez de você, mas o que você faz com o que a vida fez de você".

Na última sexta, fiz palestra para uma empresa e boa parte da nossa conversa foi pautada na visão que cada indivíduo tem para sua vida. Fazer planos para o futuro é um processo natural e que enche a gente de esperança, mas basta olhar para o passado e perceber que a vida se encarrega dos seus próprios objetivos.

É fundamental saber o que se quer da vida, mas ainda mais ser capaz de abrir mão.

Podemos parar para pegar um fôlego e dar um tempo, mas o tempo, bem, ele nunca dá um tempo. E a cada batida de relógio, a vida vai se transformando sutilmente.

Memórias que se apagam, vidas que se vão, o que antes preenchia se esvazia. Olhos se iluminam, a esperança se renova, novas pessoas chegam com ar de quem veio para ficar. E a gente segue vivendo.

Algumas vezes de olhos atentos, percebendo o que está havendo. Outras, apenas seguindo. No caso da segunda opção, logo o caminhar será brevemente interrompido pela surpresa ou pelo não reconhecimento de si. Quando foi que nos tornamos quem nos tornamos?

Dias bons. Dias difíceis. Semanas arrastadas. Anos que passam voando.

Tudo bem estar mal

O que a vida tem feito da gente? O que a gente tem feito da vida?

Como temos reagido a cada acontecimento? Como temos vivido cada experiência?

O quanto estamos dispostos a fazer da vida que se apresenta, aquela que desejamos viver?

Acredito pouco na autonomia de construir meu próprio destino. Mas tenho convicção da minha capacidade de me adaptar a ele.

QUANDO A GENTE SIMPLESMENTE NÃO SABE.

Tudo bem estar mal

Milan Kundera, em *A insustentável leveza do ser*, escreveu que "tudo é vivido pela primeira vez e sem preparação. Como se um ator entrasse em cena sem nunca ter ensaiado". Essa é uma das melhores descrições da experiência do viver que já encontrei. Planejamos uma série de coisas para quando nos sentirmos prontos, mas quando realmente conseguimos nos sentir assim?

A vida é uma eterna surpresa, uma eterna primeira vez. Assim, mesmo com tantas experiências, sempre carregamos o sabor e a angústia do princípio. Poderemos estar perto do final da jornada e simplesmente não saberemos uma porção de coisas sobre nós mesmos.

A eterna virgindade do viver e a incerteza essencial criam um cenário ambíguo, tão deliciosamente estimulante quanto aterrorizante. A possibilidade permite que a vida possa ser quase tudo, mas nada de garantias. Qual é a decisão certa a se tomar? O caminho certo a seguir?

Todo indivíduo procura a felicidade, mas quem tem certeza de onde encontrá-la? Tateando a realidade em busca de respostas, tomamos decisões e moldamos nossas vidas. Perseguimos objetivos, renunciamos a sonhos, sempre em busca do bem viver. Há quem ouse mais. Há quem procure por segurança. Há quem prefira apostar na perspectiva da alegria. Há quem simplesmente tente sofrer o menos que puder. As escolhas e os sentimentos que definem cada uma delas fazem a base do viver.

Algumas decisões apresentam enorme convicção, desconfio especialmente delas. Quem tem certezas demais é capaz de enxergar tudo ou simplesmente fechou os olhos para a possibilidade? Outras decisões nos colocam verdadeiramente em cima do muro, com medo de qualquer queda, seja para qual for o lado. Tem escolhas que não nos permitem ficar livre de danos.

A dúvida é a essência da vida, porque nos coloca como protagonistas da nossa própria trajetória. A enorme quantidade de escolhas possíveis torna cada decisão especial. Se de tudo que a vida poderia ser, ela se transformou nisso, deve haver um milagre ali.

Já fui de hesitar muito na hora de tomar decisões. Hoje, mesmo sem saber, decidi apostar mais na vida. Aprendi que as coisas se ajeitam, o importante mesmo é manter-se em movimento.

O título desta crônica é "Quando a gente simplesmente não sabe" e foi escrita para momentos de incerteza.

Mas a verdade é que, na vida, a gente nunca sabe. Na vida, a gente simplesmente acredita.

A verdade é que,
na vida,
a gente nunca sabe.
Na vida,
a gente
simplesmente
acredita.

A DIFÍCIL ARTE DE VIVER NO PRESENTE.

Tudo bem estar mal

Como estão as coisas por aí? Eu espero que bem. Afinal, algum ser humano em sã consciência deseja viver mal?

A busca pela felicidade e a fuga do sofrimento fazem parte da nossa natureza. Porém, isso não significa que seja um caminho fácil.

Dedico boa parte dos meus dias lendo e pensando sobre isso. Reduzir o sofrimento e aumentar a felicidade é o que busco para mim e tento dividir com o próximo.

O sofrimento pode ter diferentes características. Os estímulos podem ser os mais diferentes possíveis e sempre vão aliar-se à nossa reação para determinar o grau de devastação interna. Inspirado pela psicologia e pelo budismo, procuro treinar a minha reação, atribuir um significado para cada situação. É como diz Nietzsche: "quem tem um porquê aguenta quase todo como". Mas enxergar este porquê, em meio à tormenta, pede uma mente forte.

Sinto que a saúde mental tem ganhado cada vez mais espaço na mídia, nas empresas e nos indivíduos. Talvez por necessidade ou por redução de um tabu, temos falado e nos aberto mais para o assunto. Por outro lado, os problemas parecem crescentes. Quantas pessoas você conhece que atualmente estão em tratamento para lidar com questões como a ansiedade e a depressão?

Caso você não conheça, bem, deixa eu me apresentar. Eu também faço parte desta turma. Fui visitado pela minha primeira crise em 34 anos de vida. E não desejo isso para ninguém.

Viver na pele e me tratar me fez conhecer um lado da vida que não conhecia. Um lado meu que não conhecia. Faço terapia há muitos anos, mas sem ter vivido experiência semelhante, não havia me investigado neste ponto. Em tratamento, precisei me conhecer. Além da medicação, é necessário olhos abertos para a chegada do vendaval. Quais são os sinais que precedem uma crise?

Hoje, dirigia para o litoral e pensava sobre esta pergunta. Antes dela, me queixava sobre algumas questões da vida e pensava como tudo poderia ser diferente, achando que necessariamente também seria melhor. Quem disse?

Fazer objetivos, desejar uma vida melhor, desenhar cenários. Tudo isso pode ser muito positivo. Mas também pode me fazer adoecer. É tênue a linha entre querer ser melhor e desvalorizar aquilo que se é. A mente troca facilmente o presente pelo amanhã. Fazemos planos para sermos felizes no futuro por acreditarmos nele ou por não sentirmos capazes de nos alegrar com o agora?

Esta pergunta me fez lembrar de uma amiga, a Maria Cardoso. Maria é daquelas pessoas com história de vida que mais parece filme. A trama dela envolve uma reviravolta na carreira, um encontro com o Dalai Lama e um mestrado em Atenção Plena.

Acredito que Mindfulness não seja um termo novo para você. Além do contato com a Maria, li um bocado de coisas sobre o assunto e também fiz um minirretiro com o irlandês Stephen Little, uma das boas referências no tema. O conceito fundamental é simples: foco no momento presente. Os resultados são arrebatadores, melhora na saúde física e mental, ganho de eficiência no trabalho, a psicologia positiva está aí para provar que o Mindfulness pode realmente nos fazer mais felizes. Mas a arte de viver no presente é difícil de praticar.

A atenção plena não pede que neguemos nossos objetivos, seria um atentado à nossa humanidade. Mas pede encarecidamente que a gente viva com mais gosto o momento presente. Que a gente ouça a conversa. Que a gente olhe nos olhos. Que a gente sinta o sabor da comida. Que a gente esteja por inteiro aonde estiver.

Tudo bem estar mal

Claro, existem técnicas para exercitar esta capacidade. Mas nenhuma delas é mais efetiva do que o próprio viver.

De olhos abertos, cessei o devaneio e comecei a dirigir com atenção. Depois, comi com atenção. Descansei com atenção. Me exercitei com atenção. Agora escrevo com atenção. Quando a percebo escapar, conscientemente a puxo de volta. Coincidência ou não, me senti melhor do que ontem.

A mente é como aqueles balões de gás hélio, voa. A atenção é a corda que segura os pensamentos no agora e a paz em nosso coração.

O presente é sempre um presente, desde que a gente saiba viver nele.

O SENTIR E O SENTIDO.

Tudo bem estar mal

Escolhi começar esta crônica com a frase que encerrou a minha penúltima: "mas a verdade é que, na vida, a gente nunca sabe. Na vida, a gente acredita". Não há como falar do sentir e do sentido sem falar da crença.

Sempre fui um sujeito bem racional. Uma característica que não é apenas minha, afinal, aprendemos na escola que a racionalidade nos torna especiais no mundo animal, a ponto de muitas vezes nos colocarmos fora dele. A gente esquece que é bicho.

Tenho citado com frequência nos meus textos a frase de Nietzsche: "quem tem um porquê, aguenta quase todo como". A afirmação deixa clara a importância do sentido para o ser humano. Precisamos de um norte para caminhar.

A direção pode ganhar diferentes nomes, já faz alguns anos que a ideia do "propósito" é disseminada intensamente nas livrarias, internet, empresas e sessões de coaching e terapia. Por que você acorda todos os dias? Por que você faz o que faz? Viver é uma eterna busca do porquê.

A importância do sentido é inquestionável, a busca por respostas está na nossa alma. Para caminhar, precisamos saber de onde a gente vem e pra onde a gente vai. Em "Sois Senhores do Destino", a banda Colligere traz os extremos desta busca: "dar sentido à vida pode levar à loucura, mas uma vida sem sentido é a tortura da inquietação e do vão desejo". Ao mesmo tempo que liberta, o sentido também pode aprisionar.

A razão é uma armadilha, ilumina e cega. Tudo ao mesmo tempo. Aponta o destino para caminharmos, mas nos faz esquecer que são as pernas que nos permite andar. Sequestra o corpo para si, apropriando-se dele, como se fosse todo e não parte. Não questiono o papel do sentido, desde que ele não anule o sentir.

Muitas vezes, em busca do que é certo ou por fidelidade a princípios estabelecidos, nos vemos colocando em choque a visão e a intuição. Pensar e sentir, esquecendo que o sentimento, muitas vezes, não faz sentido.

Faço terapia há muitos anos e lembro bem das minhas primeiras sessões, quando meu terapeuta, com seu sorriso e humor inconfundíveis, me chamava de "homem sem pescoço". Razão e corpo não conversavam. Ele me provocava a tomar decisões com o que estava no tronco, não na cabeça. Me parecia insano delegar algumas decisões para o meu estômago.

Se observarmos bem, nosso corpo todo palpita sobre as decisões da nossa vida. Você já se pegou querendo fazer algo e sentindo as pernas se recusarem a caminhar ou tentando se manter em inércia, enquanto o coração disparava? Há muito sentido no sentir, mesmo que pareça não fazer sentido.

De forma alguma, tento aqui anular a importância da razão. Mas prego pelo cuidado com a ditadura dela. Se a vida não tem um sentido claro, por que nossas ações precisam ter?

Dar voz para o sentir, permitir-se ser mais bicho, é um ato de coragem. Bravura de se assumir humano, falho e apaixonado. É abrir mão do certo ou do que se imagina como identidade, em nome de algo que é essencialmente nosso: ser.

Se faz sentir, acredite, faz sentido. Por mais que a cabeça não consiga explicar.

Sentir e sentido são extremos inseparáveis, como Yin-Yang.
Quem precisa de um porquê quando já tem uma resposta?
Acredita no que sente.

Quem precisa de um porquê quando já tem uma resposta?

O QUE VOCÊ ESTÁ FAZENDO COM SEU TEMPO?

Tudo bem estar mal

O tempo é curioso, tão exato quanto subjetivo. O relógio é implacável na conta e aponta, a cada batida, que nossa vida está mais próxima do fim. Ao mesmo tempo, você já não viveu momentos em que se sentiu mais viva ou vivo do que nunca? O tempo é relativo, especialmente a percepção.

O tempo é o que me falta e, provavelmente, te falte. Quantas coisas faríamos na vida se os dias tivessem mais horas? Algumas pessoas dizem que tempo é dinheiro, o que acho uma besteira. Os minutos valem bem mais. Dinheiro se ganha. Tempo só se gasta, ou se perde.

Pareceu um piscar de olhos, mas já se vão 34 anos desde que eu cheguei aqui. Faz quanto tempo desde que você surgiu aqui na Terra? Considerando que nossa expectativa de vida aqui no Brasil é de cerca de 76 anos, me aproximo da metade da minha jornada. E ainda há tanta coisa que desejo fazer. No que você pensa quando olha o que tem para viver pela frente?

Em 2006, a minha conta quase furou. Eu quase morri. Recentemente tive um bate-papo com a escritora Cris Guerra, disponível no podcast 50 crises (temporada 2, episódio 1), falei um tanto sobre esta experiência. A consciência da mortalidade e da fragilidade da vida me fez e faz ter sede de viver. Há muito para fazer e ser enquanto estou aqui. Estou prestes a começar mais um capítulo da minha história, a faculdade de Psicologia. Não quero ir embora antes de ter meu consultório e, com isso, minha terceira profissão. E você, o que não gostaria de fazer antes de ir embora?

A série "Toda segunda é um pequeno Réveillon" é um lembrete de que todo início de semana ou todo início de minuto podem ser tempo para o recomeço. É consciência de que cada dia vale muito e não há tempo a se perder, apenas usar com o que faz sentir.

No último sábado, por puro acidente do algoritmo do YouTube, caí em um vídeo de Wendell Carvalho, coach caricato. Confesso que costumo nutrir certa preguiça por este tipo de conteúdo, mas já que estava ali e o celular estava distante, decidi escutar. Wendell me fez uma provocação: a toda manhã, deveria definir cinco prioridades inadiáveis para aquele dia, sejam questões profissionais ou pessoais. Faz três dias que tenho seguido a dica e, preciso me render, minha vida tem sido melhor.

O gesto simples me faz ter um pensamento importantíssimo todas as manhãs, a escolha de onde desejo investir meu tempo naquele dia. Quantas vezes simplesmente não saímos correndo ou vamos naquele modo de vida Zeca Pagodinho — deixa a vida me levar?

Me perguntar o que desejo fazer com meu tempo tem me feito utilizá-lo melhor.

O que você anda fazendo com o seu?

Me perguntar o que desejo fazer com meu tempo tem me feito utilizá-lo melhor.

O que você anda fazendo com o seu?

AS LINHAS TORTAS DO DESTINO.

"Os anos ensinam muitas coisas que os dias desconhecem"
(Ralph Waldo Emerson)

Tudo bem estar mal

Diariamente pessoas postam ou me enviam trechos do meu último livro *Cartas para o recomeço*. Tento ao máximo responder a todas mensagens, acho interessante descobrir o que salta aos olhos de quem lê, em meio a tantas páginas.

No final da semana passada, uma leitora compartilhou a crônica "Sabedoria Chinesa", destacando que lia este texto frequentemente. Apesar do título, a crônica não cita Confúcio ou surfa as ondas do Taoismo. A "Sabedoria Chinesa" que inspirou o título veio de uma peça da cultura apreciadíssima aqui no Brasil, o biscoito da sorte. "Os anos ensinam muitas coisas que os dias desconhecem", dizia a mensagem vinda dentro da iguaria. O autor não tem nada de chinês, Ralph Waldo Emerson é um filósofo norte-americano. Gosto dos biscoitos, mas gosto ainda mais da sabedoria trazida por este em especial.

A vida passa rápido. Pare e pense em algumas das suas melhores lembranças: não parece que o tempo voou desde então? Ao mesmo passo que o tempo corre, ele reserva espaço para uma riqueza de acontecimentos sem igual. Quer um exemplo, veja tudo que foi vivido somente no último ano.

Segundo o IBGE, nossa expectativa de vida gira na casa dos 76 anos, como citei antes. Parece pouco. Aos 34, me vejo perto da metade deste caminho e a vida torna-se curta. Se calcularmos em dias, uma vida tem em média mais de 27.000 "hojes". Haja hoje para tanto ontem. Haja hoje para o tanto que desejo para o amanhã. Contada em dias, a vida parece mais longa.

É inocência pensar que, entre estes milhares de dias, todos serão de alegria. Já vivi o suficiente para entender que a vida não é isso ou aquilo. Os dias, as experiências, os sentimentos são uma soma de partes distintas. Alegria e sofrimento. Luz e sombra. Polos que caminham próximos. O mesmo vale para dias bons e dias ruins em uma vida. E mesmo eles carregam seus opostos, nada é por absoluto. A vida é impermanente.

Porém, imersos no hoje, seja ele com tons de alegria ou o balanço do caos, muitas vezes não conseguimos olhar além. É difícil entendermos que tudo passa, distinguir os contornos da história. Entender que, como efeito dominó, cada dia e cada decisão dão início a uma sequência de fatos que desencadeiam na nossa própria jornada. Como viemos parar aqui?

Quando Ralph Waldo Emerson surge no meu biscoito da sorte e me lembra que os anos sabem de coisas que os dias desconhecem, uma estranha confiança na vida emerge. Não como se houvesse a certeza de um destino pré-determinado, acredito no livre-arbítrio. Mas com uma confiança de que todo acontecimento foi o caminho possível e que esse destino revelará a importância de cada momento, bem vivido ou dolorido.

Tempos de crise como os que vivemos, sem dúvidas, são desconfortáveis. Mas, de uma forma ou outra, estão lapidando a nossa trajetória. A vida é uma estrada de muitas curvas.

Todo destino é desenhado com linhas tortas.

A CORAGEM DE RECOMEÇAR.

A segunda-feira é o dia oficial dos começos e recomeços, ou ao menos, das promessas. Quantas vezes você já não prometeu "segunda eu começo"? Algumas foram concretizadas, outras permaneceram no estado de desejo, tais como as tradicionais resoluções de Ano Novo.

O tempo avança, novas segundas e novos anos chegam, algumas ideias se renovam e outros sonhos permanecem vivos, envelhecendo com a gente. Na vida, existe um ponto de partida: nosso nascimento. Há também uma linha de chegada, a morte, incerta.

Quando fazemos nosso planos para vida, não raro nos enxergamos longevos ou até imortais. Como se tivéssemos todo tempo do mundo. Não à toa, clichês como "viva cada dia como se fosse o último" ou "o que você faria se hoje fosse seu último dia?" podem provocar pensamentos dissonantes da realidade e ímpeto de mudança. A perspectiva da morte é lembrança da raridade da vida e da velocidade do tempo. Me enxergar finito me traz urgência para o bem viver.

Além de finita, a vida também é impermanente. Nossos sonhos também não fogem à regra. Quantos desejos deixaram de ser desejados? A gente também muda. O que não muda é a nossa necessidade de ter um caminho a seguir.

Sempre fui muito orientado ao trabalho, foi por meio do encontro da vocação que também me encontrei. O início da vida profissional foi essencial para formação do meu caráter e descoberta do gosto por viver. Já fui bem melancólico e absolutamente introspectivo. Produzir estabeleceu uma conexão quase inexistente com o mundo externo.

Não à toa, não penso em uma aposentadoria definitiva. Porém, há alguns anos já penso e pratico aposentadorias de carreiras. Trilhei um

Tudo bem estar mal

caminho na publicidade, cheguei à sociedade da agência que admirava e fui executivo de comunicação. Me aposentei. Publico livros, faço palestras e posso me considerar um escritor profissional, algo em que nunca acreditei. Tenho minha empresa e trabalho diretamente com o desenvolvimento de pessoas em organizações por meio da educação corporativa. Isso também não será para sempre. Inclusive, já tenho até o nome daquele que seria meu livro derradeiro. Sempre fui de fazer planos e, com isso, aprendi que quase nenhum deles sobrevive à realidade. A vida faz suas contribuições. Será que chegarei até lá? Será que irei além?

Nesta segunda-feira começo aquela que tracei, há muito tempo, como minha terceira e última carreira, a psicoterapia. O plano inicial era começar ela por volta dos 45 anos (estou com 34), já independente financeiramente. É engraçado como colocamos marcos para nos sentirmos prontos e prontas para encarar aquilo que queremos e que nos põe medo, mas nunca estaremos.

No ano passado, em uma espécie de retiro, dormi em meio a uma meditação. Tão pesado que, segundo os participantes, ronquei. Acordei sozinho na sala, a sessão havia terminado e decidiram me deixar por lá. O despertar do sono trouxe também um despertar para vida. Eu tinha tanta curiosidade em estudar psicologia, por que esperar o tempo e o dinheiro determinar seu início? E se eu não chegasse lá?

Não quero ir embora desta vida sem ter sido um psicólogo, saí de lá disposto a começar. Mas o ímpeto foi freado. E como fica a empresa? Isso vai atrapalhar a construção da carreira como escritor? O orçamento suporta a mensalidade? Será que vale o investimento? Já não tenho muito tempo livre, conseguirei frequentar as aulas? Terei paciência em voltar a estudar todos os dias da semana? Vou dar conta de fazer trabalhos e leituras? Como será a convivência com pessoas muito mais novas do que eu? Ainda tenho fôlego para isso? Será que vou ter condições financeiras para me permitir clinicar em tempo parcial mais à frente? Inseguranças.

Todo recomeço na vida provoca frio na barriga, é o medo. Temos nosso tempo para lidar com ele, só é preciso ter cuidado para que este tempo não seja maior que a vida. Pouco mais de um ano depois do retiro, dou início a mais um recomeço. Incerto do caminho, mas certo de que estou fazendo algo importante: dando asas e ouvidos para quem eu quero ser.

Começar novas empreitadas na vida, colocar fim a outras, especialmente depois de tanto caminho percorrido, é um desafio e tanto. Mas ao mesmo tempo, é a descoberta de uma nova vida dentro da própria vida. Todo recomeço é uma renovação dos votos com o destino.

A ARMADILHA DE PENSAR POSITIVO.

O pensamento positivo, inocente, pode significar um salto no vazio, de quem acredita voar, mas só tem os braços para bater.

— Almoçam aqui em casa amanhã?

— Não sei, esse negócio de pandemia está meio complicado.

— Mas o Beto, a Amanda e a Sil vão vir. Você que é do contra.

— Não é do contra, mas é que não sei, fico com medo. A senhora e o pai já têm certa idade. O Beto tem aquele problema...

— Medo do quê? Todo mundo é de casa, se fosse receber gente estranha, mas é tudo família.

— Tá bem, chego aí às 13h.

—Que bom que você vem, já estava com saudades de ver todo mundo junto.

E foi a última vez que se viram. Uma semana depois, mãe, pai e Beto estavam no hospital. Os demais também contraíram o vírus, mas tiveram sintomas de leves para médios. Sil teve dificuldade para respirar. Fosse em situação normal, também teria sido internada, faltavam leitos. A primeira a partir foi a mãe, falência múltipla dos órgãos. O pai foi embora dez horas depois, alguns disseram que o coração não aguentou ver a amada ir, mesmo que tivesse sedado e não soubesse da notícia. Beto segue em estado grave. Além das sequelas, carrega um peso emocional quase insuportável.

Havia jogado sinuca no boteco com os amigos três dias antes. Era a turma de sempre, "teria pego o maldito vírus por lá? Não é possível". Amanda ligou para o salão que frequentava para perguntar se as funcionárias sabiam de algum caso recente. Aproveitou o telefonema para agendar manicure, a vida não poderia parar. Cesar, em profunda depressão, se culpava por ter acreditado que tudo ficaria bem e não ter seguido o que acreditava, as recomendações repetidas à exaustão no telejornal que não perdia.

Tenho uma amiga médica e recentemente ela me contou uma frase

Tudo bem estar mal

dita por um professor, preocupado com o cenário. "Todo mundo vai acabar perdendo um amor nessa pandemia." Se você tivesse que escolher algum dos seus amores para eliminar, como se fosse líder do Big Brother Brasil, quem escolheria? A realidade parece distante, até bater na nossa porta. "Não vai acontecer com a gente." "Tenho corpo fechado." "Mas é tudo família." "Se pegar, é tranquilo." Frases comuns, que já saíram inclusive da minha boca.

"O pior está passando." "Vai tudo ficar bem", disseram os comerciais e posts em redes sociais. Houve quem tenha deixado de acompanhar os noticiários, afinal, "a imprensa está criando um estado de terror". Lembro que há alguns anos, quando trabalhava em um jornal, propus a um dos sócios a criação de um veículo apenas de notícias boas, um alívio emocional. A ideia foi refutada. "Baixo astral", pensei na época. Precisei amadurecer para entender o papel da imprensa: narrar e analisar a realidade, infelizmente, repleta de tragédias diárias.

"Pense positivo." "Olhe para o lado bom." "Não seja tão pessimista." "Seja feliz". Imperativos tão comuns nos dias de hoje, otimismo ou ópio? Pensar positivo é necessário, a única forma de suportar o cenário ou uma forma de tapar os olhos para não enxergar a realidade?

A psiquiatra suíça Elisabeth Kübler-Ross apresentou a teoria das cinco fases do luto, tão importante para a nossa compreensão da morte. A primeira delas é "negação e isolamento". Todos perdemos alguma coisa recentemente: liberdade, emprego, rotina, amigos, familiares, momentos, viagens. Não estaríamos todos enlutados? Se sim, seria o pensamento positivo comportamento de quem ficou preso à primeira fase do luto, tentando negar e se isolar da realidade?

Pesquiso a felicidade. Tudo que produzo tem como objetivo amenizar sofrimento e trazer um pouco dela para o viver. Porém, se você me acompanha há algum tempo, sabe que considero felicidade e alegria conceitos bem distantes. A vida tem dor, não adianta. É preciso encarar a realidade, sempre dotada de um lado positivo, é verdade, mas jamais desacompanhada do aspecto negativo.

Pensar positivo, se levado ao extremo, a ponto de nos cegar para o negativo, é armadilha mais perigosa que o pessimismo. O pessimismo maximiza os riscos, mas ainda protege. O pensamento positivo, inocente, pode significar um salto no vazio, de quem acredita voar, mas só tem os braços para bater.

A felicidade pede lucidez, realidade e coragem para enfrentar a dor do momento.

Sob pena de adiar o agora e encontrar um sofrimento abissal mais à frente.

Não pense positivo e nem negativo.
Pense por inteiro.

O QUE VOCÊ VÊ?

Tenho dito bastante aqui nestas crônicas: nada é isso ou aquilo. Todas as situações podem e devem ser vistas por inteiro. O cenário é duro, mas não é feito apenas de tragédias. Assim como é inocência fechar os olhos e acreditar que há motivos suficientes para acalmar o coração, pela promessa de que tudo ficará bem logo. É improvável que aconteça. Até porque "bem e mal", "luz e sombra", "bom e ruim" não são conceitos que batalham por um único espaço de avaliação. Eles coexistem, o tempo todo.

Há um clichê utilizado para fazer oposição entre polos e classificar o comportamento de um indivíduo: a constatação se determinada pessoa é do tipo que enxerga o copo "meio cheio" ou "meio vazio". A questão esconde, por meio da presença ou ausência do líquido, otimismo ou pessimismo. Esquecemos que há muito mais a ser visto: o copo, o ar, a superfície e o próprio observador. Certa vez, ao escutar esta questão, um amigo trouxe uma bela resposta: "bem, depende do que tem dentro do copo".

Em cada situação, em cada história, há muito para se olhar. Gosto especialmente de um filme chamado *Histórias de um casamento*. Em diálogo riquíssimo entre um casal em crise, a obra revela a linha tênue que separa ou abraça, a razão e a falta dela, o certo e o errado, o amor e o ódio.

Seguindo o momento indicações, gosto também de um livro que ainda estou lendo, *Talvez você deva conversar com alguém*, de Lori Gottlieb (Vestígio, 2020). Um relato autobiográfico de uma terapeuta e toda sua humanidade, oportunidade sensível de entender o que se passa em cada canto de um consultório, inclusive do lado externo dele, e que me deixa cada vez mais convicto que todo ser humano deveria praticar terapia. Somos complexos demais. Viver sem investigar o que

Tudo bem estar mal

há por dentro é viver pela metade, ou até menos do que isso.

Uma cena de filme ou uma memória de vida, quando revisitadas, revelam ângulos nunca percebidos. O tempo, a bagagem e as emoções acabam alterando a nossa experiência e compreensão de uma determinada situação. É assim que, em uma briga, o amor de anos pode transformar-se em ódio e nunca mais ser recuperado. Conheço histórias de casais que se separaram após uma discussão e jamais voltaram a se ver, como se a história nunca houvesse existido ou todas as qualidades antes percebidas tivessem sido anuladas. Os defeitos encobrem e provocam um eclipse na observação da virtude do outro.

Ontem, deslizando o tempo pelas redes sociais, encontrei uma citação de um dos meus filósofos preferidos, Søren Kierkegaard. "A vida não é um problema a ser resolvido, mas uma realidade a ser experimentada." E explorada, ouso complementar.

Problemas todos temos, assim como alegrias. A vida é um acervo infinito de motivos devastadores e estimulantes, muitas vezes presentes em um mesmo objeto. A pergunta que fica é: o que você vê?

Não acho que seja uma questão de escolha entre o copo "meio cheio" ou "meio vazio", mas a compreensão de que há muito, além do conteúdo, para ser visto. Com essa compreensão, podemos exercitar um olhar realista, mas ao mesmo tempo carinhoso com a vida e com nós mesmos.

Porque, para quem tem sede, pouco importa se o copo está "meio cheio" ou "meio vazio", mas se tem líquido.

Porque, para vem vive, pouco importa se as coisas saíram como esperado, mas se ainda há vida para ser vivida e experimentada.

"A vida não é um problema a ser resolvido, mas uma realidade a ser experimentada"
(Søren Kierkegaard)

CADA UM É UM MUNDO.

Não te intriga pensar no tamanho do Universo? Se o nosso planeta já parece grande demais, o que pensar dele se comparado à galáxia que pertence, apenas uma entre muitas distribuídas pelo espaço? A vida é um grande mistério, há milhares de anos tentamos descobrir os porquês e os limites das nossas fronteiras. Além de responder a uma pergunta que estimula a imaginação: "estamos sozinhos?".

Se comparado ao Universo, quem sou eu e quem é você? Qual é o nosso tamanho? Mesmo dentro de um país com milhões de habitantes ou diante do mar, fica evidenciada a nossa condição de grão de areia. Somos o pó, de onde viemos e para onde voltaremos, após uma passagem de dezenas de anos, dentro de uma realidade contada em bilhões.

Se olhar para fora revela uma estrada infinita de possibilidades, olhar para dentro provoca efeito semelhante. A complexidade de cada indivíduo é imensurável. Jornada, sentimentos, memórias, traumas, pessoas e a própria genética formam indivíduos únicos e desconhecidos até para si mesmos. A psicologia e a psicanálise são a astrofísica do "eu", nos guiando a um mergulho também infinito ao autoconhecimento. Cada um é um mundo.

Tal como no espaço, às vezes, alguns planetas se chocam. É um movimento quase químico. Amor com amor resulta em briga. Desejo com desejo resulta em frustração. Se já é difícil reconhecer nossos sentimentos, como fazer para compreender o outro e assim viver uma realidade sem rusgas? Diálogo, empatia, terapia, guerra? Qual é o caminho do reconhecimento e da compaixão?

Há algum tempo li um livro em que o Dalai Lama apresentava a sua aposta, o amor incondicional ao próximo. Sentimento que não esquece ou fecha os olhos para o infortúnio, mas que reconhece a idêntica

Tudo bem estar mal

humanidade no outro, falha e à procura da felicidade e da evolução. Foi assim que Dalai Lama foi capaz de perdoar e compreender o exílio. Foi assim que Desmond Tutu, coautor do livro, lutou pelo perdão, ao lado de Mandela (preso por 27 anos), quando muitos queriam a vingança pelo Apartheid.

Mas como fazer como tais figuras e ser capaz de amar quem te machucou? Como exercitar a difícil e necessária arte do perdão? Eis um exercício para uma vida.

Acredito que o reconhecimento de que cada um é um mundo seja o começo, seguido da curiosidade e disposição de mergulhar e conhecer a si mesmo e ao outro. No reconhecimento, ficará visível a diferença e aí vem o segundo passo, o direito a sentir e pensar diferente. Caminho difícil para quem cresce olhando para as estrelas e para o umbigo, mas não para quem está ao lado. No caso, todo ser humano. Eu e você.

A jornada da vida na Terra começa sem a percepção do "Eu". Em dado o momento, o bebê se reconhece como um indivíduo. A partir dali, cada um no seu tempo, perceberá que é o todo. Onda que nasce e quebra no oceano, se destacando e posteriormente misturando à água novamente. É o nosso ciclo de nascimento, evolução e fim.

Descoberta que não é iluminação, mas exercício diário.
Nunca estaremos livres da armadilha de pensar demais na gente.

FELICIDADE NO CAOS: É POSSÍVEL?

A única forma de encontrar a felicidade é ressignificando ela.

Tudo bem estar mal

Dizer que está tudo bem é um desafio cada vez maior nos tempos em que vivemos. Não sei você, mas às vezes me ressinto de viver um sentimento de bem-estar, ao passo que milhares de famílias perdem entes queridos todos os dias. Na semana passada, a minha também não passou ilesa. O cenário torna-se ainda mais dramático quando a estatística é substituída por amor e história.

Assumir a culpa de se sentir bem pode parecer gesto empático, mas soa mais como falta de sentido. Pesquiso sobre o sofrimento e a felicidade e, se tem uma coisa que aprendi, é que a vida feliz é feita também, necessariamente, de tristezas. Uma vida feita somente de alegrias é um mito e provavelmente insuportável. Tanto quanto a própria ideia de eternidade material. Além disso, é desumano sofrer todo sofrimento que há no mundo. Quem consegue ficar em pé em meio ao terremoto é fundamental para oferecer apoio a quem se desequilibrou. Ao ver um irmão caído, o que faz mais sentido: deitar ao seu lado ou estender a mão para ajudá-lo a levantar?

Pode parecer difícil, até impossível ou injusto, mas a felicidade no caos não apenas é possível como necessária. Mas é claro que não basta dizer "seja feliz", isso seria vazio e potencialmente tóxico.

Penso que haja um problema quanto à ideia e compreensão do termo "felicidade". Segundo o dicionário, ela é "o estado de uma consciência plenamente satisfeita". O que seria necessário para você estar com a consciência plenamente satisfeita?

Não raro, este tipo de pergunta traz como resposta tudo que existir de positivo. Desejamos alegria, estabilidade, amor, bens materiais, sucesso. Afinal, quem desejaria o insucesso ou a instabilidade? Mas todos estes desejos chocam-se de frente com a realidade. Ninguém está livre do infortúnio. A vida é instável. Todo mundo vai perder algo ou alguém.

Olhando assim, fica fácil de entender que o ideal da felicidade pode ser um sonho impossível. A única forma de encontrar a felicidade é ressignificando ela. Felicidade não é sinônimo de alegria, muito menos oposição à tristeza. Quando o dicionário sugere uma "consciência plenamente satisfeita", é comum pensarmos em tudo que precisaria acontecer para tal. Mas quem pensa na possibilidade de aprender a se satisfazer com o que é e o que se tem?

Sou fã do conceito do *Amor Fati*, de Nietzsche, um amor incondicional à realidade como ela é. Ideia tão bela, quando difícil de aplicar. Além da filosofia, outras ciências nos apresentam caminhos para ressignificar a palavra e, principalmente, tornar a felicidade exercício, não um destino.

O sentimento de bem-estar em meio ao caos é um ato de resistência, desde que não envolva insensibilidade ou irresponsabilidade. É possível reconhecer a dor do irmão, mas sem perecer. Inclusive, é comprovado: poucas coisas nos fazem tão bem quanto à compaixão. Reconhecer o outro e se colocar a disposição dele, além de gesto humano, é desenvolvimento da condição de ser feliz.

Respondendo ao título da crônica de hoje "Felicidade no caos, é possível?", eu diria que não apenas é possível como necessária. Não uma obrigação, um desafio. Onde não há vencedores ou perdedores, mas apenas seres humanos em sua jornada de atribuição de sentido à experiência da vida como ela é. Caótica, mas feliz.

PREOCUPAÇÃO E ANSIEDADE.

Como estão as coisas por aí? Espero que bem.

Mas, convenhamos, difícil não estarmos com mil coisas na cabeça no tempo em que vivemos, não é mesmo?

Somos o país mais ansioso do mundo, segundo a OMS. Tenho certeza que você conhece alguém que sofre com este mal, com diagnóstico ou não, se é que você não é esta pessoa. Porém, não dá para simplesmente colocar tudo na mesma caixa. Uma coisa é se preocupar em excesso, outra é ter um transtorno de ansiedade. Mas é fato que o primeiro comportamento pode levar ao segundo estado. É por isso que hoje decidi falar sobre o ato de se preocupar.

Lembro de um professor de dicção perfeita e calma nos olhos que, sempre que passava trabalhos para turma, dizia que não devíamos nos "pré-ocupar", com ênfase no hífen que cortava as palavras, como se fosse espada. O espaço criado entre as letras revelava o caráter do sentimento, uma ocupação prévia da mente com algo que sequer aconteceu. Em geral, nos preocupamos pelo medo de sofrer. Tentamos antecipar aquilo que será falado, feito ou dito, procurando erros e saídas em caso de falha. Tentando desenhar um mapa prévio do sucesso. A preocupação é uma tentativa de reduzir o sofrimento e aumentar a felicidade. Mas costuma resultar no contrário.

Dalai Lama, um professor de quem infelizmente nunca assisti a uma aula, afirma que 90% do nosso sofrimento é criado pela própria mente. Até por isso, acredita que boa parte do potencial de redução dele mora na nossa forma de pensar. O que significa, às vezes, não pensar. O conceito do Mindfulness, citado por aqui em texto recente, é uma das formas de tentar calar as vozes da ocupação prévia. A atenção ao momento presente, trazida pela prática da meditação

A qualidade do seu
pensamento define
a qualidade da sua
existência.

ou do Mindful Eating, por exemplo, tem a premissa de ancorar o pensamento no agora, blindando a gente do sofrimento por algo que sequer aconteceu.

Seria então a preocupação, além de gatilho para ansiedade, uma inimiga do nosso bem-estar? Cuidadoso que sou, jamais faria tal afirmação. Afinal, se por um lado o ato de se preocupar pode adoecer, por outro, ele também pode nos salvar. Não podemos esquecer que o ato de projetar uma realidade futura foi essencial para o nosso desenvolvimento enquanto espécie. É a preocupação que nos permite diagnosticar doenças, poupar dinheiro, estocar alimentos, estabelecer alianças e nos manter em segurança. Como em quase tudo na vida, o ponto está na dose.

Entendo que existam três questões fundamentais que precisamos nos fazer ao nos preocuparmos, "com o que me preocupo?", "como me preocupo?" e "por que me preocupo?". As três perguntas não deixam de ser uma atividade meditativa ou prática do Mindfulness, porque trazem o fluxo do pensamento para o presente. Em geral, nossos pensamentos nos assustam como monstros que moram atrás do armário, mas nunca são vistos. É o temor do desconhecido.

Ao aceitar e observar o pensamento, podemos analisá-lo a partir de diversos ângulos, entender aquilo que nos assusta, o quanto o temor é real, quais são as consequências de uma falha ou sucesso, entre outras reflexões. Segundo o psicólogo e pesquisador Robert Leahy, cerca de 85% das nossas preocupações não se tornam realidade. Um bom motivo para termos um pouco mais de fé no agora e no destino.

"Penso, logo existo", disse René Descartes em sua frase célebre. Ouso pegar carona na citação e afirmar: a qualidade do seu pensamento define a qualidade da sua existência. Substitua a preocupação pelo pensamento.

DO QUE VOCÊ TEM MEDO?

Do que você tem medo?

Alguém já tinha te perguntado? Você já tinha se perguntado?

Caso sim, qual foi a última vez?

Nem todo mundo um dia respondeu a esta pergunta. Mas todos sentem medo diariamente, por mais que, muitas vezes, a gente se sinta com vergonha de temer, em uma sociedade em que a coragem e o positivismo são exaltados. O medo, não raro, é tratado como problema a ser combatido, como se fosse um atrapalho, e não combustível da atividade humana.

Você já pensou sobre por que faz o que faz? O que te move? As pernas, os sonhos, os medos ou tudo isso e muito mais?

Afinal, o medo paralisa ou impulsiona? A coragem é a ausência ou a ponderação dele?

Visitar os próprios medos é uma das experiências mais ricas de autoconhecimento que alguém pode viver. Assumir e entender o que assusta é também compreender quem a gente é. A vulnerabilidade, tão popularizada pela genial Brené Brown, não é uma escolha, mas uma condição. A coragem de ser não envolve ter ou não ter vulnerabilidades, mas a decisão entre escondê-las, por mais que o sentimento vaze pelos poros, ou assumi-las.

O mergulho no medo é o primeiro passo para uma melhor relação com ele. Não é paralisia, mas evolução. É um gesto que permitirá visitar suas origens e ressignificar uma história muitas vezes contada no nosso inconsciente desde a infância. Ressignificação que pode

Tudo bem estar mal

potencializar seu fazer e te libertar. O medo pode ser um propulsor muito mais poderoso do que a coragem.

Do que você tem medo? O psicólogo Jordan Peterson enumera dois temores principais e universais: a morte e a rejeição. O psiquiatra Irvin Yalom lista quatro "preocupações supremas": morte, isolamento, liberdade e falta de sentido. E você, do que tem medo? Consegue observar o que fora listado por Peterson e Yalom nos freios e movimentos da sua vida?

Há quem associe o medo ao congelamento. Eu o aproximo muito mais da vida. Legado, uma resposta à morte; conexão, um antídoto para o isolamento; independência, uma ode à liberdade; e busca por significado, atribuição de preenchimento ao vazio da falta de sentido, são valores que norteiam minha vida e, acredito, podem torná-la melhor de ser vivida.

Em vez de encarar meus medos de frente, prefiro abraçá-los. Eles são parte fundamental de quem eu sou.

E você? Do que tem medo?
Como estes medos podem te fazer viver melhor?

Visitar os próprios medos é uma das experiências mais ricas de autoconhecimento que alguém pode viver.

CORAGEM.

Sem ela, a vida simplesmente não é.

Tudo bem estar mal

Estou aqui para falar de começos e recomeços. A vida é melhor quando repleta deles. A gente sempre tem a chance de iniciar algo, nem que seja olhar a própria existência com outros olhos.

Começar uma semana, uma nova fase da vida, um novo relacionamento, um novo negócio ou um novo capítulo da sua história é, por si só, um ato de coragem. Assim como o viver. É preciso de coragem para existir diante da iminência da morte e para alimentar a esperança nos inícios diante da iminência do fim.

O primeiro passo é o maior ato de coragem que alguém pode ter. Começar é se permitir viver e falhar. Mas é, principalmente, renascer.

A coragem não é uma caminhada sem hesitação ou privilégio de quem tem confiança, mas uma estranha esperança na vida, uma vontade de ver o que vai acontecer, de colocar universos em movimento. É gesto de quem sabe que são os encontros e desencontros que fazem a vida valer a pena, jamais a inércia.

O silêncio pode trazer paz, mas nada me acalma mais do que a barulhenta percepção de que a vida vale a pena. O som dos passos de quem caminha traz o riso e a dor. Sim, a dor. São os opostos que tornam a vida mais repleta de sabor.

A coragem nunca foi antagônica ao medo, ao contrário, andam de mãos dadas. O oposto da coragem é o nada. Sem coragem, a vida simplesmente não é.

Foi a coragem do "sim", do primeiro beijo, do "não", do recomeço, do pedido de demissão e da incerta mudança que te trouxeram até aqui. É ela que fará a gente continuar ou construir um novo lugar para se estar, caso já não seja possível ser quem se é e estar onde se está.

Eu sei que os tempos são difíceis, mas pensa nas coisas importantes da sua vida, quantas foram fáceis?

Vivemos correndo da falha, do medo, da dificuldade. É preciso cuidado para também não corrermos da vida.

Coragem, hoje começa um novo dia.
Quem sabe, uma nova vida?

VIVER É ESCREVER A PRÓPRIA BIOGRAFIA.

Qual é a tua história?

Você não tem a impressão de que o tempo tem passado cada vez mais rápido? A realidade é cada vez mais descartável.

Observo minha história se fragmentando ao longo da vida que voa. Os momentos escorrem pelas mãos e, sem os antigos álbuns de fotos para provar que foi real, memórias são perdidas em meio às milhares de fotos armazenadas no celular. A tecnologia nos tornou preguiçosos na arte de fazer a curadoria da nossa própria história. Vivemos sem lembrar.

Os avisos de redes sociais como Instagram e Facebook até tem nos recordado do que fizemos nos anos anteriores. A *timeline* se transformou em uma espécie de cartório da nossa jornada, registrando por verdadeiro fragmentos da nossa vida. Mas se as postagens são um edição do que vivemos, estaríamos também editando o nosso passado?

Futuristas têm afirmado há alguns anos que o período em que vivemos tem um peso enorme na história da humanidade. Chris Anderson afirma que "não vivemos uma era de mudanças, mas uma mudança de era". Outros autores classificam o período atual como a Revolução Digital e entendem que ela será tão ou mais significativa do que a Revolução Industrial. Porém, só será possível reconhecer essa história uns cem anos à frente. Em geral, precisamos nos distanciar do objeto para entender sua verdadeira natureza.

O próprio período de isolamento foi um exemplo da história sendo escrita. Memes divulgados pela internet fizeram brincadeiras com hipotéticos livros do futuro, com um calhamaço de páginas dedicadas a explicar o que aconteceu em 2020 e 2021.

Tudo bem estar mal

Confesso que me acostumei com a vida da pandemia. Já me soa quase como normal. Mas se paro para refletir, geralmente em minhas caminhadas, logo começo a construir uma linha histórica de tudo que foi vivido e, principalmente, reconheço os sentimentos que surgiram e se foram ao longo do tempo.

Se tivesse escrito diariamente sobre a pandemia, teria maior clareza do quanto, apesar de difícil, o período foi rico em aprendizados. A minha vida mudou muito desde então. Seria insensível da minha parte fazer um agradecimento ao Coronavírus, como fizeram algumas blogueiras, mas não posso deixar de reconhecer que toda a crise provocada me fez me adaptar, repensar e que isso, provavelmente, tornará minha vida melhor no futuro.

Isso não quer dizer que o período tenha sido fácil, ao contrário, vivi dias difíceis. Oscilei entre o autocuidado e a perda da esperança, pensei em largar tudo e também amei profundamente o que tenho. Em cada uma das fases, tive pensamentos que se perderam pela história. Talvez eles voltem à tona em algum momento. Se tivesse parado para registrar, teria maior clareza das minhas memórias.

No passado, as fotos analógicas nos obrigavam a transformar uma viagem de 30 dias em um álbum de 24 poses. O ato de escrever, por exemplo, poderia nos obrigar a registrar nossa própria vida em algumas palavras. Registro que pode formar uma linha de tempo e nos ajudar a enxergar e compreender a nossa própria história.

Dias desses pensava no que costumo responder quando me perguntam quem eu sou. Em geral, falo meu nome e o que faço, mas nunca o que fiz. Meu passado me explica muito melhor do que meu presente. Mas eu simplesmente me esqueço dele.

Começo esta semana pensando muito na minha história e, ao fazer isso, consigo contar ela para mim. Tem sido um exercício interessante, tanto para me conhecer quanto me gostar mais. Esta ideia também tem me feito pensar em qual história gostarei de lembrar lá na frente. Independentemente de qual seja, escrevê-la é uma tarefa do agora.

Viver é escrever a própria biografia.
Quais foram os capítulos que te trouxeram até aqui?
Quais serão as próximas páginas do livro da sua vida?

Afinal, qual é a tua história?

LUTO OU LUTA?

Luto ou luta? Eis a questão debatida pelo grupo em um sábado que poderia ser uma metáfora para vida, uma montanha-russa de emoções. Essa é a história de hoje.

Acredito que, em algum grau, estamos todos enlutados. Se não é por ter perdido alguém próximo, é pela empatia por tantas vidas que tem chegado ao seu fim ou, minimamente, pelo fim das nossas vidas como as conhecíamos. Nada será como antes. Nunca é.

O luto carrega um peso em si. Imagino, seja algo pelo qual queremos passar longe. Mas é necessário, sob pena de nunca curarmos algumas feridas. Sob pena de nunca darmos início a um recomeço e nos vermos perdidos no espaço-tempo.

O luto é associado à morte, tal como a morte é associada ao final da vida. Mas uma vida começa, acaba e recomeça diversas vezes até seu derradeiro fim. Elisabeth Kübler-Ross deu importante contribuição à compreensão do fim ao apresentar as cinco fases do luto: negação, raiva, barganha, depressão e aceitação. Uma jornada provavelmente familiar e, diria, necessária para toda perda ou grande mudança. Mas quem quer lidar com o fim? Os começos me parecem muito mais estimulantes.

No último sábado fui convidado para palestrar em um encontro de associações e ONGs que trabalham pela causa dos portadores de fibrose cística, doença ainda carente da informação e recursos e capaz de abreviar significativamente a expectativa de vida. Fibrose cística não tem cura, logo, as pessoas com quem falei são do tipo que lutam por causas que poderiam ser consideradas como perdidas. Ainda bem que elas existem, pois nos lembram que a perspectiva de um fim não tornam uma causa perdida, mas ainda mais valiosa. A minha e a sua vida também terão um fim. Se você é saudável, a diferença é

Tudo bem estar mal

que não recebemos um diagnóstico que inicie oficialmente a batalha contra o relógio. Viver é causa ganha, mas a gente precisa lutar.

A jornada da vida não é fácil, tem suas alegrias e suas dores, significadas de acordo com a qualidade de pensamento e coração de cada pessoa. Cada acontecimento reserva uma perspectiva. Há quem lamente não ter reunido dezenas de amigos em um aniversário em meio à pandemia. Verônica, organizadora do evento e portadora de fibrose cística, é do tipo que já colocou balões em seu quarto de hospital para celebrar mais um ano na Terra.

No sábado, conversava com dezenas dessas almas raras como Verônica. Em sua maioria, gente que convive com a doença no próprio corpo ou em ente próximo. Lutar contra a doença sem cura é só uma das batalhas de todos os dias. Há também a falta de recursos, as centenas de famílias desamparadas, as barreiras do poder público e seus absurdos — foi preciso lutar para a doença, que ataca agressivamente os pulmões, ser reconhecida como comorbidade e dar direito à vacina ao portador. O assunto da minha fala foi "o poder do porquê", um raciocínio construído na ideia de Nietzsche de que "quem tem um por quê, aguenta quase todo como". Haja poder nesse porquê para aguentar tudo que essa gente precisa aguentar.

Ao final do evento, após a minha fala, orientações de boas práticas e novas ideias, a vida nos surpreendeu daquela maneira que só ela pode, com a perda repentina de uma vida. Clarisse Melo Maia, a "Clari", era uma daquelas pessoas de "fibra", como eles dizem. Não porque era portadora da fibrose, mas por seu incansável trabalho à frente da causa em Pernambuco e seu gosto pelo viver. Jovem, era mãe do pequeno Davi e mulher de sorriso aberto, tão brilhante que mal se notava o respirador que carregava em suas narinas.

A notícia da partida de Clarisse foi daqueles golpes que nos fazem querer desistir, haja porquê para segurar esta dor. Luto ou luta? Eis a questão debatida pelo grupo ao receber a notícia em pleno evento. Duas palavras com grafias muito parecidas e significados aparentemente opostos. Será?

O psicólogo William Worden, especialista em luto, cunhou a sua própria teoria sobre a jornada da perda. Ela se aproxima da ideia de Elisabeth Kübler-Ross, citada mais acima, mas com uma diferença fundamental na fase final. Enquanto Elisabeth fala da aceitação como último estágio, Worden fala de ressignificação. A última busca não é pela aceitação do fim, mas a integração desta perda à própria vida, criando uma conexão contínua com a pessoa que se foi, encontrando a partir daí uma forma de seguir vivendo. É o luto que é luta.

A ressignificação de Worden é a lição de Verônica, que não transformou limão em limonada, mas o diagnóstico de uma doença incurável em esperança para a vida de milhares de pessoas, incluindo a si mesma. É a lição do grupo que perdeu Clari em corpo, mas ganhou ela em espírito para sempre. Em espírito de luta.

Luto e luta andam de mãos dadas como tristeza e alegria, formando a experiência dura e significativa que é o viver.

Este texto é uma homenagem à Clarisse Melo Maia, em vida e morte, um verdadeiro Réveillon.

Luto e luta andam
de mãos dadas como
tristeza e alegria,
formando a experiência
dura e significativa
que é o viver.

UMA VIDA É POUCO.

Quantas vidas ainda cabem na sua vida?

Tudo bem estar mal

"Uma vida é pouco", diz sempre meu amigo Eduardo. Concorda com ele?

Conheci Edu em 2009. Ou melhor, ficamos amigos em 2009. Antes disso, em meados de 2007, nos cruzamos pela vida, cada um com sua banda de hardcore em um encontro que quase terminou em briga. Só nos demos conta desse primeiro episódio após algum tempo de amizade.

Começo este texto falando do Edu por dois motivos: porque estou com a frase clássica dele em mente, mas também porque ele é exemplo e referência daquilo que vivo. Se uma vida é pouco, por que viver apenas uma? Eu e ele dividimos trajetórias semelhantes: a Publicidade, a responsabilidade que veio cedo, entre outras histórias. Atualmente nos vemos pouco, a vida, ou melhor, as vidas foram tomando rumos diferentes.

Aos 34 anos, posso dizer que já fiz uma porção de coisas. Além do que já citei acima, vivi experiências que vão de uma quase morte à uma roda de violão com o Damien Rice, meu cantor preferido. Já embalei jornal, trabalhei organizando shows, fui estagiário, tive agência de propaganda, ocupei um cargo executivo relevante em uma empresa de grande porte, falei para milhares de pessoas, fundei duas empresas, escrevi três livros, plantei algumas árvores (ainda não tive filhos). Poderia contar a história do Edu por aqui, ainda mais movimentada do que a minha, mas fica para uma outra conversa.

Brinco que já me aposentei uma vez, da carreira de executivo de marketing e inovação. Começo a preparar a minha segunda aposentadoria. Neste ano ingressei na faculdade de Psicologia. Sempre gostei e estudei o assunto, de certa forma meu trabalho tem tudo a ver com a área, seja pelos livros que escrevo ou pela empresa que dirijo atualmente, que tem a educação corporativa como core — um caminho importante da psicologia organizacional.

Voltar a frequentar uma universidade provocou certo espanto em quem me cerca e até em mim mesmo. Mas o objetivo é muito claro: trata-se do começo da minha terceira e, espero, última carreira, a de psicoterapeuta. Até haviam alguns atalhos possíveis para começar a receber pessoas no meu divã de maneira mais rápida, mas valorizo a regulamentação da atividade. Fui para o caminho clássico e futuramente serei recompensando com meu registro no CRP.

Não raro, me questiono de tantos inícios e finais na minha vida. Costumo dizer em terapia que minha vida pouco tem a ver com consistência. Vivo de explosões, uma energia intensa que se expande, mas em dado momento se dissipa. A pergunta que volta e meia me vem à mente é "e seu tivesse continuado?". Você também não faz este tipo de projeção em sua vida?

A diferença é que a pergunta tem sido respondida com uma convicção que nunca tive: "o caminho escolhido é o que torna e tornará a minha vida mais interessante".

Contardo Calligaris, escritor e psicanalista que nos deixou recentemente, disse preferir uma vida interessante a uma vida feliz. Concordo com ele e, lembrando mais uma vez do meu amigo Edu, acrescento: por que não ter vidas interessantes, no plural, em vez de uma única?

As trocas de carreira, os inícios e finais de ciclo e os recomeços acidentais ou intencionais são oportunidades de renascer. Se uma vida é pouco, podemos criar quantas mais quisermos.

Se pensarmos friamente, a vida está sempre mais perto do fim. Se aventurar constantemente em novos terrenos permite que ela tenha sempre sabor de início.

Dias desse li um texto que me questionava sobre como e quando gostaria de chegar ao meu fim.

Tudo bem estar mal

Quando? Espero que daqui a muitos e muitos anos.
Como? Certamente com a sensação de ainda estar começando.

Quantas vidas ainda cabem na sua vida?

UMA CARTA PARA VOCÊ.

Tudo bem estar mal

Ao sentar para escrever e registrar a data nesta carta, sou tomado pelo primeiro sentimento e reflexão. Afinal, existe a vida que me trouxe até aqui e aquela que acontecerá daqui para frente. Todo dia reserva a possibilidade de ser "o dia", o vértice entre o que foi e o que será. É claro que nem todo dia carregará essa importância, a maioria passará despercebido na história. Quais foram as datas mais importantes da sua vida? Hoje será uma dessas ou um dia banal?

A gente nem sempre acorda para mudar de vida. Às vezes, a gente nem quer acordar. Mas o mundo é um organismo em ebulição, nunca estaremos a salvo da tormenta. Seja através de uma dor interna que decide gritar ou do telefone que toca trazendo notícias, absolutamente tudo pode mudar. O dia banal, de repente, entra para história.

Além das datas, os locais têm o poder de marcar memórias. A mesa do restaurante que testemunhou o assassinato do amor, o degrau da escada que abrigou a primeira e a última conversa, a rua que testemunhou o primeiro beijo. O espaço-tempo coleciona nossos melhores e piores momentos.

Gosto de olhar para o painel do meu carro e conferir data e horário, me faz lembrar onde estou. Comecei o texto de hoje disposto a escrever uma carta para mim mesmo, com a mesma finalidade, para registrar quem fui neste momento. Mas acabei decidindo escrever para você e te convidar a fazer a mesma reflexão.

São esses momentos de pausa que precedem a elevação da fé ou o recomeço, é difícil ficar indiferente ao encarar a própria vida de frente. Para onde estamos indo? O que andou se movimentando por aí desde a última vez que se visitou?

Às vezes, demoramos tanto para fazer uma viagem ao interior que a sensação é a de retornar à vizinhança da infância. É possível reconhecer o espaço, mas não se reconhecer mais ali. Está tudo diferente. Quando a alma descobre que já não é mais possível habitar quem se é, é preciso mudar. Feliz de quem encontra conforto nesse mergulho, é possível, mas provavelmente mais raro. A paz é um privilégio.

Esta série de textos que escrevo há mais de três anos tem o nome de "Toda segunda é um pequeno Réveillon", mas a verdade é que todo dia pode ser.

Quem foi você até aqui? Quem será a partir daqui?
Hoje será mais um dia ou uma data para ficar guardada na sua história?

Esta série de textos tem o nome de "Toda segunda é um pequeno Reveillon", mas a verdade é que todo dia pode ser.

PARA ONDE VOCÊ ESTÁ INDO?

Tudo bem estar mal

"Para onde você está indo, Guilherme?" Ouvi uma voz vinda de minhas costas. Me virei e percebi que quem perguntava era minha própria consciência.

Você já teve momentos em que seu pensamento foi tão intenso a ponto de ouvi-lo?

Para onde você está indo? A pergunta ecoa em minha cabeça, talvez na sua e com certeza em todas as pessoas que sofrem de ansiedade. É um tanto natural pensarmos no destino, afinal, quase tudo que fazemos na vida é um meio para um fim, certo? Mas será que isso é certo?

Dias desses conversava com meu pai sobre as decisões que tomamos e os impactos no futuro. Comentei com ele sobre uma palestra do Abílio Diniz. "Comecei a fazer 80 anos aos 29" era o título dela e somente ele já valia como lição. Sim, as ações do presente constroem nosso futuro. Quer saber para onde você está indo, basta observar o que está fazendo.

Hábitos de saúde, relacionamentos, projetos tirados do papel ou engavetados, aquisições financeiras, cursos, decisões na carreira, palavras ditas ou amordaçadas. Tudo nos constrói. Não há estupidez maior do que vislumbrar um destino, pegar um caminho oposto e ainda esperar chegar lá. Mas quem nunca foi estúpido? O problema é permanecer.

Quando imersos em situações difíceis, muitas vezes culpamos a sorte, reclamamos da falta de ajuda divina ou até encontramos vilão ou vilã de carne e osso. O quanto o passado revela sobre a nossa situação atual? O que nos trouxe até aqui? Para onde você está indo? Volto a perguntar.

Eu sei que está todo mundo cansado e que a vida muitas vezes está uma tormenta, mas se não fizermos nada de diferente, fica fácil pensar em como ela estará: igual. Não que a gente tenha o controle do destino, mas é triste que não se domine os próprios passos. Falo porque nem sempre domino. Há tantas coisas que nos tiram do chão. O voo de um sonho ou de um amor nos coloca em contato com as nuvens, mas também com a perspectiva da queda.

Escrevi antes que todo momento pode ser o vértice entre o que foi e o que será. A frase segue fazendo sentido e me faz perguntar: para onde estou indo? Na resposta, mora a possibilidade de realização, a partir da permanência ou mudança da rota.

As perguntas e as respostas que gritam em nossas cabeças tentam fazer-se ouvidas por pernas e coração. O tempo passa e a vida não tem ensaio.

O roteiro da nossa existência é escrito ao passo em que vivemos e conhecemos a nossa própria história.

Qual é a decisão certa?

Todos os caminhos levam à morte, mas cada um deles com uma lembrança diferente de como se viveu. E não há base para comparação.

Toda decisão é um ato de fé no destino.
Faça sua aposta.

OS SINAIS
DO TEMPO.

A minha segunda é gelada e já me provocou algumas reflexões sobre o tempo. Dias atrás, foi aniversário de 60 anos do meu pai. Brinquei com ele, afirmando que agora é um idoso de carteirinha. Quem me conhece de perto, sabe que tenho dois lados bem fortes. Meus textos, em geral, são carregados de emoção e acessam lugares somente possíveis com muita sensibilidade. Mas o meu jeito de ser é calmo e racional, às vezes frio. É como se carregasse meu pai e minha mãe, de temperamento absolutamente opostos, em cada lado do corpo.

Carlos, meu pai, é o lado racional e a pessoa em quem mais confio neste mundo. Não apenas porque é meu pai, mas simplesmente porque ele tem uma moral e uma capacidade analítica tão brilhantes que não lembro de uma única vez em que ele esteve errado. Não é exagero. Porém, a racionalidade extrema, como tudo na vida, coloca suas sombras. Logo pela manhã lhe perguntei como se sentia chegando à terceira idade. "Normal, o aniversário é uma convenção social", ele disse. Uma resposta de uma cabeça de Exatas? Não necessariamente.

"O tempo é relativo", afirmou Einstein, em uma definição física e filosófica. A oposição entre Cronos e Kairós, duas interpretações gregas do tempo, reforça sua definição. O primeiro é o tempo quantitativo, exato, implacável. O segundo, qualitativo, indeterminado, condicionado à experiência. Meu pai é Cronos em essência, fã da disciplina, do método e dos horários. Porém, ao dar pouca importância para a própria idade, sem querer, evocou Kairós. Só é idoso quem acredita.

Minha mãe, por outro lado, empolga-se mais com a data. Comprou um bolo a contragosto dele e me parece mais animada com a sua chegada aos 60, que acontece na próxima quarta-feira. Enquanto não é hora, não perde a oportunidade de fazer piada com o fato de

Tudo bem estar mal

estar casada com um homem na terceira idade. Heloisa é Kairós em essência, não se apressa, vive o momento, mas encara cada aniversário como Cronos, dando importância à data. É o começo de uma nova época.

Já com alguns cabelos brancos, acompanho o avançar da vida deles no banco de trás. O tempo que os leva adiante, me carrega junto. Tenho 34, mas parecia ter completado 27 na semana passada. Fusão de pai e mãe, vivo momentos de Cronos e Kairós. Planejo meu dia em detalhes, mas geralmente saio do plano, distraído por uma boa conversa ou um texto que me chamou a atenção. Porém, sempre atento aos sinais do tempo.

Hoje citei Heráclito por duas vezes, uma em um meme e outra em um artigo escrito para um cliente. "Nada é permanente, exceto a mudança", a impermanência é lapidada com golpes de ponteiro de relógio. Meu pai está certo ao considerar que há pouca diferença entre o dia de ontem e hoje, mesmo que seja seu aniversário. Minha mãe está certa ao considerar que um novo ciclo em torno do Sol muda tudo e merece ser celebrado. A mudança em geral é silenciosa, mas deixa seus sinais.

Quem são as pessoas que te cercam? Quais os lugares ocupados e vagos na mesa? Qual o rumo que cada pessoa que já foi importante na sua vida tomou? Quem ainda é presente? Muitas vezes voamos para longe, permanecendo conectados por um frágil fio de memória. Qual a diferença entre a imaginação e a lembrança?

Se formos interpretar o tempo ao pé da letra, todo dia merece ser celebrado, todo dia carrega uma mudança, todo dia é um pequeno milagre.

Não sendo possível cantar parabéns todos os dias (quem suportaria?), que as viradas de ano não passem em branco. Não somente como tempo de festa, mas também de avaliação da própria vida.

Quais são os sinais do avanço do tempo presentes em você?

Cronos é implacável. Kairós é compreensivo, desde que se viva com qualidade.

Que o passar do tempo te permita unir a sabedoria da maturidade com a sede de vida da juventude.

E, claro, um viva aos meus pais!

Qual a diferença entre a imaginação e a lembrança?

HISTÓRIAS QUE TERMINAM EM VÍRGULA.

Gosto dos contrastes da vida. Por vezes, a gente se perde para se encontrar, termina para poder recomeçar, desconstrói para construir ou escreve uma crônica de início de semana para anunciar o fim. Hoje encerro a 3ª temporada do projeto "Toda segunda é um pequeno Réveillon" e, consequentemente, este livro. Mas, calma, não se trata de um ponto final.

O último texto é sempre escrito com tom de nostalgia, chega a dar um aperto no peito, é como despedida de aeroporto. Dou um último abraço em você e vejo o aceno de adeus cortando o ar até o último instante, quando os olhos se desencontram na travessia do portão de embarque. O momento reflexivo me faz olhar para trás e entender que estas singelas mensagens que escrevo carregam enorme valor simbólico.

Minha vida mudou intensamente desde que comecei. Cada livro é, além de tudo, um pequeno registro da minha história. Da mesma forma, as linhas que escrevi, geraram impacto nas histórias de quem lê. Alguns destes contatos foram relatados a mim em gentis mensagens de leitores e leitoras, em depoimentos que fazem a vida valer a pena.

Houve quem tenha mudado de vida e quem tenha se ancorado à leitura como forma de se curar da vontade de tirá-la, a palavra tem poder. Não sei, se em algum momento, te levei algo que tenha feito diferença em sua vida. Mas tenho certeza que, desde que passamos a nos encontrar por aqui, a sua vida mudou. A existência é impermanente.

Muitas das crônicas que escrevo têm como pano de fundo a tentativa de responder a uma pergunta pretensiosa e importante: como viver? Esse questionamento existe, principalmente, pela lembrança

Tudo bem estar mal

constante de que a minha e a sua vida tem ponto final. Cada dia é um milagre e, acredito, deve ser vivido da forma mais significativa possível, seja lá qual for o sentido que você atribui à sua jornada.

A consciência da mortalidade me faz buscar intencionalmente por recomeços. Se uma vida parece pouco, tento viver dezenas no tempo que tenho. Existo como se degustasse um prato no detalhe de cada ingrediente. Escrevo histórias e as encerro com vírgula em vez de ponto final.

O ponto carrega silêncio e fim. A vírgula convida ao recomeço e deixa a pergunta: o que mais cabe nesta história?

Como escrevi certa vez, toda vida é uma obra inacabada, porém completa.

A minha, tenho certeza, acabará em vírgula. Deixarei um livro pela metade, uma viagem agendada, um sonho não realizado.

A incompletude do desejo pode soar como frustração. A mim, soa como realização.

Histórias que terminam em vírgula são promessa de eternidade e continuidade. De quem vive e faz o que faz, sempre como se tivesse começando, mesmo no fim.

Obrigado por me acompanhar até aqui. A gente se encontra de novo, acredito,

Pareceu profecia. Encerrei o livro com uma vírgula, como se já soubesse que a última página não seria a última. Minha tia Lena faleceu. E quem era Lena? Há muitas formas de descrevê-la, mas o texto a seguir foi a melhor forma que encontrei, eternizando sua existência nestas páginas. A sua passagem também não se encerra com ponto final,

A VIDA COMO RÉVEILLON.

"Toda segunda é um pequeno Réveillon" é o nome da minha série de crônicas.

26 de outubro também é Réveillon, uma daquelas datas que mudam a história de muita gente. Foi num 26 de outubro que Lena nasceu. É num 26 de outubro que nos despedimos dela.

Lena é minha tia, irmã de minha mãe, mãe de Alessandra e Priscila. É também protagonista de algumas das minhas histórias preferidas. Roteirista algum teria criado personagem tão caricato, sua vida era uma daquelas comédias boas de assistir.

Escrever este texto me traz grande responsabilidade. Lena era fã das minhas crônicas e livros. Tenho a intenção de eternizar sua vida nestas palavras, mas como traduzir em letras minúsculas quem viveu em caixa alta?

Sua energia era tamanha que, mesmo em sua morte, não paira um sentimento de vazio. Sua lembrança preenche o ambiente e, mesmo sem vida, Lena segue vivendo. Uma viagem marcada, um apartamento em reforma, projetos em andamento. Não seria um coração que parou de bater que a pararia, a cada minuto vamos descobrindo seus movimentos, na forma de uma encomenda que chega ou de um compromisso agendado. É literalmente a descoberta da existência da vida após a morte.

Sua presença é tão forte que fica difícil falar sobre sua ausência. Lembro de ter escrito sobre a morte há algum tempo, afirmando que toda vida seria interrompida. Não existe fim, nossa jornada invariavelmente acabará no meio. O sentimento de incompletude é o maior sinal de uma vida vivida por completo, na intensidade de quem torna cada dia um Réveillon, um novo começo.

Tudo bem estar mal

As roupas brancas escolhidas para emoldurar seu corpo na última despedida não estão colocadas ali à toa, Lena é a personificação do Réveillon.

O dia 26 que a colocou em nosso mundo agora nos ensinará a viver com ela presente em nossos corações. Um recomeço duro, mas necessário. Porque uma coisa que ela nos ensinou é que a vida não para. Mesmo que o coração pare.

Quem precisa de coração para viver quando é intensa o suficiente para se tornar história e lembrança?

No dia da sua despedida, carrego uma certeza: Lena não fará falta. Fará presença. Como sempre fez.

Que sirva de exemplo para que eu e você não façamos apenas das nossas segundas Réveillons, mas nossas vidas.

Que eu e você não façamos apenas das nossas segundas Reveillons, mas nossas vidas.

Guilherme Krauss

Aponte a câmera do celular para o QR Code abaixo
e conheça mais livros visitando o nosso site.